Adam Großmann
40 Jahre

W0196533

Adam Großmann

40 Jahre

100 Dinge, die MANN
vor der nächsten Null
unbedingt tun oder lassen sollte

Bibliografische Information der Deutschen Nationalbibliothek
Die Deutsche Nationalbibliothek verzeichnet diese Publikation in der Deutschen
Nationalbibliografie; detaillierte bibliografische Daten sind im Internet über
http://dnb.ddb.de abrufbar.

ISBN 978-3-86910-024-1 (Print)
ISBN 978-3-86910-134-7 (PDF)
ISBN 978-3-86910-131-6 (EPUB)

Der Autor: Kaum ein Thema, das Adam Großmann nicht schon als Ratgeberautor
behandelt hat: von Partyratgebern über Selbstcoaching bis zum richtigen Verhalten
im Trauerfall. Bei so viel Lebenserfahrung war es an der Zeit, dass sich der Autor
einmal damit beschäftigt, was alles zu tun oder zu lassen ist, wenn ein gewisses
Lebensjahrzehnt erreicht ist.

Originalausgabe

© 2013 humboldt
Eine Marke der Schlüterschen Verlagsgesellschaft mbH & Co. KG,
Hans-Böckler-Allee 7, 30173 Hannover
www.schluetersche.de
www.humboldt.de

Lektorat:	Nathalie Röseler, Dateiwerk GmbH, Pliening
Covergestaltung:	DSP Zeitgeist GmbH, Ettlingen
Innengestaltung:	akuSatz Andrea Kunkel, Stuttgart
Coverfoto:	fotolia / fotolia 365
Satz:	PER Medien+Marketing GmbH, Braunschweig
Druck:	Grafisches Centrum Cuno GmbH & Co. KG, Calbe

Hergestellt in Deutschland.

Inhalt

**Vorwort: Mein Leben bis heute –
eine Zwischenbilanz**   10

Zehn Orte, an die Mann sich allein begeben sollte . .   11
Ins Kloster auf Zeit   11
Auf eine einsame Hallig   13
In die Wüste   14
Ans Wasser: am Fluss, See oder Meer   15
In den Wald   17
Zu einem Gipfelkreuz – auf einem Berg   18
Auf eine Pilgerreise   19
An einen Ort, an dem es den Menschen schlechter geht
als bei uns   21
In Ihre Traumstadt   22
An einen Ort, an dem Sie in Ihrer Kindheit sehr
glücklich waren   23

Zehn Dinge, die Sie unbedingt tun müssen   25
Bungee-Jumping   25
Tanzen lernen   26
Dem Chef die Meinung sagen   28
Etwas tun, das Sie zutiefst hassen, um Ihrer Partnerin
eine Freude zu machen   29
Zeit verschenken   31
Einem alten Freund schreiben   32
Sich mit den Eltern aussprechen   33
Das Parteiprogramm Ihrer Partei durchlesen   35

Eine Frau, in die Sie hoffnungslos verliebt waren,
abschreiben 36
Sich eine besondere Fähigkeit aneignen 37

**Zehn Dinge, die Sie nicht mehr tun oder
haben müssen** 39
Sich vor Publikum zum Idioten machen 39
Neben einer Frau aufwachen, bei deren Anblick Sie sich
erschrecken 41
Sich ein Tattoo zulegen 42
Einen Vollrausch mit Filmriss haben 44
Sich einbilden, doch noch mal Rockstar/Fußballer
zu werden 45
Mit Ihren Freunden fast nur über Facebook
zu kommunizieren 47
Im Hotel Mama wohnen 48
Sich ungesund ernähren 49
Beziehungen per SMS beenden 51
Etwas tun, von dem Ihnen alle abraten 52

Zehn goldene Tipps, um Ihr Leben zu entschleunigen 45
Schalten Sie das Handy auch mal ab 54
Suchen Sie einen Ort auf, um nachzudenken 56
Tun Sie einfach einmal nichts 57
Seien Sie nicht überall dabei 58
Lernen Sie eine Entspannungsmethode 60
Lernen Sie, Nein zu sagen 61
Finden Sie heraus, wer Ihnen Zeit stiehlt 63
Sagen Sie der Aufschieberitis den Kampf an 64
Lernen Sie zu delegieren 65
Stoppen Sie Störenfriede! 67

Zehn Dinge, die Mann gegessen oder getrunken haben sollte 69
Einen selbst gefangenen Fisch 69
Etwas Ekliges 70
Ein exotisches Tier 71
Eine extrem scharfe Chilischote 72
Einen Wein, der teurer ist als das Hauptgericht 74
Ein selbst gekochtes Gericht 75
Eine mit viel Liebe gekochte Mahlzeit 76
Kaviar 77
Eine Frucht, die Sie nicht kennen 79
Absichtlich etwas komplett Ungesundes 80

Zehn Gründe, warum Mann mit 40 in der Blüte seiner Jahre ist 82
Die Hälfte des Lebens liegt noch vor Ihnen 82
Sie können immer noch zum „Sexiest Man Alive" gewählt werden 84
Sie sind beruflich etabliert und können nun das Leben genießen 85
Sie müssen sich und anderen nichts mehr beweisen 86
Sie können immer noch etwas Neues anfangen 88
Wer jetzt Vater wird, entscheidet sich bewusst für eine Familie 90
Sie wissen, was Sie mögen, und auch, was Sie nicht mögen 91
Sie wissen Ihre Freizeit zu genießen 93
Sie können sich (finanziell) Wünsche erfüllen 94
Sie sind immer noch verdammt attraktiv 95

Zehn Menschen, die mit 40 Großes vollbracht haben 97

Pythagoras: $a^2 + b^2 = c^2$ (6. Jh. v. Chr.) 97

Jean Dujardin: Oscar für „The Artist" (2012) 98

Kevin Spacey: Oscar für „American Beauty" (2000) 99

James Joyce: Beginn seines Meisterwerks
„Finnegan's Wake" (1922) 101

Bill Wilson: Gründung der „Anonymen Alkoholiker"
(1935) 102

Charles Thurber: Erfindung der Schreibmaschine (1843) 104

John Glenn: erster Amerikaner, der die Erde umkreiste
(1962) 106

Rudyard Kipling: jüngster Literaturnobelpreisträger (1907) 107

John F. Kennedy: jüngster gewählter amerikanischer
Präsident (1961) 109

Und Sie? 110

**Die zehn wichtigsten Regeln für das würdevolle
Altern ab 40** 112

Stehen Sie zu Ihrer Frisur 112

Kleiden Sie sich anders als Schüler und Studenten 114

Sehen Sie ein, dass 20-jährige Frauen zu jung für Sie sind 116

Bevorzugen Sie beim Weggehen andere Locations
als 20-Jährige 117

Denken Sie finanziell auch mal ans Alter 120

Versöhnen Sie sich mit sich selbst 121

Lösen Sie Probleme ohne die Hilfe anderer 123

Erkennen Sie, wie wichtig es ist, sich nicht zu sehr
anzupassen 125

Geben Sie zu, dass Sie nicht mehr wissen, wer Nummer
eins ist 126

Seien Sie auch mal „uncool" 127

**Die zehn besten Tipps, mit 40 so attraktiv
zu wirken wie nie zuvor** 129
Ziehen Sie den Bauch ein 129
Halten Sie sich fit 131
Machen Sie das Beste aus Ihrer Frisur 132
Achten Sie auf Ihre Ernährung 134
Umgeben Sie sich mit unattraktiven Freunden 136
Investieren Sie in Accessoires 137
Finden Sie Ihren eigenen Stil 139
Attraktiv ist, wer in sich selber ruht 140
Betonen Sie Ihre Vorzüge und kaschieren Sie Ihre
schlechten Seiten 142
Tricksen Sie wie ein Model 143

Zehn goldene Tipps, um Ihr Leben zu entrümpeln 145
Entsorgen Sie alte Urlaubssouvenirs 145
Hinterfragen Sie Ihren Freundeskreis 146
Gehen Sie beim Ausmisten Raum für Raum vor 147
Sortieren Sie Ihre E-Mails 149
Vermeiden Sie in Zukunft Gerümpel 150
Entrümpeln Sie Ihre Finanzen 152
Verschenken und verkaufen Sie 154
Tragen Sie kein Gerümpel mit sich herum 155
Werfen Sie Zeitschriften und Fachliteratur weg 156
Arbeiten Sie nach der Eisenhower-Regel 158

Na also, so schlimm ist es doch gar nicht! 160

Vorwort: Mein Leben bis heute – eine Zwischenbilanz

Herzlichen Glückwunsch, Sie sind 40! Haben Sie schon den Sektkorken knallen lassen? Oder ist Ihnen gar nicht so sehr nach Feiern zumute?

Mit 40 haben Sie in Ihrem Leben schon einiges erreicht. Sie haben eine Ausbildung abgeschlossen und arbeiten auch bereits eine ganze Weile. Vermutlich haben Sie auch die Frau fürs Leben gefunden und sind verheiratet. Oder es hat leider nicht geklappt und Sie sind erneut auf der Suche nach der Richtigen. Vielleicht haben Sie Kinder und somit die Verantwortung für kleine Menschen übernommen, die ohne Sie noch nicht klarkommen.

Egal, in welcher persönlichen Lebenssituation Sie stecken: Der 40. Geburtstag ist immer ein Anlass, auf das bisherige Leben zurückzuschauen. Was ist gut gelaufen, was weniger gut? Sind Sie zufrieden mit Ihrem Leben oder würden Sie gerne etwas ändern? Was wünschen Sie sich für die nächsten Jahre?

Für das Leben gibt es kein Patentrezept. Es gibt niemanden, der uns sagt, wie wir unser Leben leben sollen – das müssen wir schon selbst herausfinden. Dieses Buch will Ihnen dabei ein wenig Orientierung geben. Es sagt Ihnen, was Sie mit 40 tun und lassen sollten, und gibt Ihnen wertvolle Tipps, wie Sie auch die nächsten 40 Jahre gut überstehen. Und dabei gilt wie überall im Leben: Es darf gerne gelacht werden!

Zehn Orte, an die Mann sich allein begeben sollte

Mit 40 stehen Sie exakt in der Mitte Ihres Lebens. Es ist also an der Zeit, Bilanz zu ziehen. Doch in der Hektik des Alltags haben wir oft keine Zeit, um in Ruhe über uns und unser Leben nachzudenken. Job, Partnerin, Kinder, Kumpels: Sie alle wollen unsere Zeit, doch uns Gedanken machen können wir in diesem Trubel nicht. Deshalb haben wir hier für Sie zehn Orte zusammengestellt, an die jeder Mann einmal alleine reisen sollte – um Zeit für sich zu haben oder um ein wenig Abstand zum Alltag zu gewinnen.

Ins Kloster auf Zeit

Immer weniger Menschen gehen einigermaßen regelmäßig in die Kirche. Auf dem Papier sind zwar rund 60 Prozent der Deutschen katholisch oder evangelisch, doch nur 13 Prozent der Katholiken und nur 3,6 Prozent der Protestanten besuchen sonntags einen Gottesdienst. Vermutlich gehören also auch Sie zu den Menschen, die nur bei Hochzeiten oder Beerdigungen eine Kirche betreten. Vielleicht noch an Weihnachten, zusammen mit den Kindern. Und jetzt sollen Sie auch noch in ein Kloster gehen?

Bei einem „Kloster auf Zeit" leben Sie nämlich einige Tage in einem Kloster mit, müssen sich aber natürlich auf keine Weise an das Kloster binden. Stattdessen können Sie dort an den Exerzitien, also den geistlichen Übungen, teilnehmen, Meditationsübungen machen oder einfach nur etwas Abstand zum Alltag gewinnen. Zahlreiche Klöster bieten mittlerweile solche Aufenthalte an. Oft können Sie dabei wählen, ob Sie in der Gemeinschaft mitarbeiten wollen oder eine geistliche Begleitung wünschen. Auch bei der Dauer des Aufenthaltes zeigen sich die Klöster meist flexibel: Von einzelnen Tagen über ein verlängertes Wochenende bis zu einer oder mehreren Wochen ist hier vieles möglich.

Bei so einem Klosteraufenthalt haben Sie viel Zeit, in sich hineinzuhorchen und herauszufinden, ob Sie sich auf dem richtigen Weg befinden. Vermutlich haben Sie sich jenseits des Religionsunterrichts in der Schule nicht mehr viel mit der Bibel beschäftigt. Der Aufenthalt im Kloster ist also auch eine gute Gelegenheit, wieder in Kontakt mit Gottes Wort zu kommen und herauszufinden, wie Sie christliche Werte im Alltag leben können. Und wenn Ihnen das alles zu religiös ist, können Sie einige Tage lang die Ruhe der alten Klostermauern genießen. Informationen über „Kloster auf Zeit"-Aufenthalte finden Sie auf der Website der Ordensgemeinschaften in Deutschland www.orden.de. Dort können Sie auch eine Broschüre namens „Atem holen" anfordern, die Ihnen verschiedene Angebote näher vorstellt.

Auf eine einsame Hallig

Nur Sie und die endlose Weite des Meeres – das erleben Sie auf einer der zehn deutschen Halligen, die vom norddeutschen „Heimatdichter" Theodor Storm nicht umsonst „schwimmende Träume" genannt wurden. Die kleinen Inselchen befinden sich rund um die Insel Pellworm im nordfriesischen Wattenmeer. Sie sind nur wenige Meter hoch und werden bei Sturmfluten oft überspült. Deshalb errichteten die Bewohner der Halligen ihre Häuser auf Warften, künstlich aufgeschütteten Hügeln. Da der Marschboden der Inseln kein Süßwasser speichern kann, waren die Bewohner jahrhundertelang darauf angewiesen, Regenwasser zu sammeln und zu speichern. Erst seit den 1960er-Jahren führen Trinkwasserleitungen zu den meisten Halligen. Da die typische Vegetationsform der Halligen Salzwiesen sind, ist Landwirtschaft nur eingeschränkt möglich. Daher waren die meisten Bewohner ursprünglich Seefahrer oder Walfänger. Heute leben die 230 Bewohner der Halligen vom Tourismus oder arbeiten für den Küstenschutz.
Warum sollten Sie sich nun aber auf so eine Hallig begeben? Ganz einfach: Es ist hier herrlich ruhig. Da es auf den meisten Inseln kaum oder keinen Autoverkehr gibt, bleibt die Lärmkulisse des Alltags außen vor. Stattdessen erwarten Sie dort Spaziergänge, Wattwanderungen und viel Natur. Außerdem bekommen Sie auf einer Hallig einen Einblick in ein Leben, dessen Rhythmus von Ebbe und Flut bestimmt wird. Niemanden interessiert, ob Sie einen dringenden Termin auf dem Festland haben: Wenn es der Wasserstand nicht erlaubt, kommen Sie von der Insel nicht weg – oder müssen zu Fuß durch das Wattenmeer wandern. Auf jeden Fall haben Sie hier jede Menge Zeit, um mit sich allein zu sein und nachzudenken.

Nähere Informationen finden Sie auf der Website des Tourismusbüros der Biosphäre Halligen unter www.halligen.de.

In die Wüste

Einmal im Leben muss man eine Wüste gesehen haben: ob in der Sahara, in den Vereinigten Arabischen Emiraten oder in Australien. Und wenn Ihnen diese Ziele zu weit (und vor allem zu teuer) sind, dann bleiben Sie einfach in Europa: Die Wüste von Tabernas in Andalusien ist immerhin 280 Quadratkilometer groß. Und als natürliche Wüste überzeugt sie auch optisch so sehr, dass hier unter anderem Filme wie „Lawrence von Arabien", „Für eine Handvoll Dollar" und „Indiana Jones und der letzte Kreuzzug" gedreht wurden.

Eine Wüste macht uns klar, wie feindlich die Natur sein kann und wie sehr wir Menschen auf die Annehmlichkeiten unserer Zivilisation angewiesen sind, vor allem natürlich auf Wasser. Eines meiner beeindruckendsten Reiseerlebnisse überhaupt war ein Helikopterrundflug über das australische Outback. So weit das Auge reichte nur rote Erde. Dazwischen ein paar Büschel Spinifexgras und ab und zu einmal ein karger Eukalyptusbaum. Und das bis zum Horizont und noch Hunderte, wenn nicht gar Tausende Kilometer weiter. Am Boden herrschte eine Temperatur von 45 Grad im Schatten, und als ich meinen Blick aus dem Helikopter schweifen ließ, wurde mir klar, dass ich da unten wahrscheinlich keine drei Stunden überleben würde: ohne Wasser, ohne Schatten, bei dieser Hitze. Und ich fühlte mich auf einmal sehr, sehr klein und hoffte, dass der Heli mich auch wirklich sicher wieder zurück zum Flugplatz bringen würde.

Sie müssen sich nicht gleich im australischen Outback aussetzen lassen, um die Wüste zu erfahren – wie gesagt, können Sie das auch in Südspanien erleben. Und dabei in sehr berühmte Fußstapfen treten: Denn auch Jesus wurde nach seiner Taufe vom Heiligen Geist in die Wüste geführt, wo ihn der Teufel in Versuchung führen sollte. Nachdem Jesus 40 Tage und 40 Nächte gefastet hatte, bekam er Hunger (was bei mir schon nach 40 Minuten der Fall gewesen wäre, aber ich bin ja nicht Jesus). Da erschien ihm der Teufel und forderte ihn mit den Worten heraus: „Wenn du Gottes Sohn bist, so befiehl, dass aus diesen Steinen Brot wird." Doch Jesus widerstand dieser Versuchung wie auch zwei weiteren Versuchungen und der Teufel ließ von ihm ab (nachzulesen unter Matthäus 4, 1–11). Jesus ging also in die Wüste, um seinen Glauben zu festigen, und Sie können in die Wüste gehen, um nachzudenken. Ablenkungen haben Sie dort garantiert keine.

Ans Wasser: am Fluss, See oder Meer

Ich weiß nicht, wie es Ihnen geht, aber ich könnte stundenlang auf das Wasser blicken. Ganz egal, ob es sich um die Wogen des Atlantiks, die sanfte Dünung der Ostsee an einem Sommertag oder die Strömung des Flusses in meiner Heimatstadt handelt. Ja, selbst an unserem Baggersee genieße ich es, meinen Blick einfach nur über die Wasseroberfläche schweifen zu lassen. Wasser übt eine besondere Faszination auf uns Menschen aus. Mal glasklar von Sonnenlicht durchflutet, mal undurchdringlich dunkel und gefährlich. Mal ruhig dahinplätschernd, mal ein reißender Strom. Mal sanfte Wogen, mal haushohe Wellen, die selbst großen Schiffen gefährlich werden können.

Wasser zeigt uns, dass alles in Fluss ist, dass das Leben immer weiterfließt wie ein Fluss, der manchmal eben ruhig in seinem Bett bleibt, manchmal aber auch alles mit sich reißt.

Gerade am Meer wird es mir nie langweilig, die Wellen zu beobachten, immer auf der Suche nach der „perfekten Welle", die für jeden anders aussieht. Eine Welle, die einen Tunnel bildet, wenn sie sich bricht – der Traum aller Wellenreiter von Hawaii bis Australien. Oder eine Welle, die sich schon weit draußen an einer Sandbank gebrochen hat und dann noch einmal kräftig anschwillt. Und mir kommen Gedanken wie: Ist das vielleicht auch mit meinem Leben so? Hat sich mir einmal eine Sandbank in den Weg gestellt und mich ausgebremst? Und kann mein Leben danach noch einmal neuen Schwung gewinnen? Es gab einmal einen französischen Film namens „Das Leben ist ein langer, ruhiger Fluss" (1988). Ist Ihr Leben auch ein langer, ruhiger Fluss? Oder fließt es mal langsam vor sich hin, mal über reißende Stromschnellen? Wird Ihr Lebensfluss mal kanalisiert und (oftmals auch von anderen) begradigt oder bricht er aus seiner vorgezeichneten Bahn aus? Fließt er in Biegungen und Kurven vor sich hin? Geht es mal vor, mal wieder zurück, bis Ihr Fluss seine Richtung wiederfindet?

Ach, ich könnte stundenlang so weiter schreiben, genauso wie ich stundenlang das Wasser beobachten könnte. Und mich vom Tosen der Brandung, dem Plätschern des kleinen Bachs, dem Rauschen des Wasserfalls beim Nachdenken begleiten lassen. Denn das Wasser ist ein herrlicher Ort, um mit sich alleine zu sein. Am örtlichen Baggersee müssen Sie dann eben ganz früh unterwegs sein, sodass Enten und Schwäne Ihre einzige Gesellschaft sind. Dafür können Sie dann die Ruhe umso besser genießen.

In den Wald

Manchmal sehen wir den Wald vor lauter Bäumen nicht. Das heißt: Wir sehen das Offensichtliche nicht, das direkt vor uns liegt. Oder wir sehen nur die Details, aber nicht das Ganze – uns fehlt der Überblick. Dann brauchen wir Zeit, um in Ruhe nachzudenken, und das können wir ganz hervorragend im Wald.

Ich weiß nicht, ob Sie in einer Großstadt oder in einer eher ländlichen Gegend wohnen. Ganz sicher haben Sie jedoch einen Wald ganz in der Nähe. Setzen Sie sich also aufs Fahrrad, in den Zug oder ins Auto, fahren Sie hinaus in die Natur und gehen Sie im Wald spazieren. Eine Stunde oder auch zwei oder drei. Genießen Sie die frische Luft, lauschen Sie den Stimmen der Vögel – wer weiß, vielleicht sehen Sie ja auch ein Reh oder einen Hasen? In der Natur sind Sie allein mit sich und können wunderbar über Ihr Leben nachdenken.

Schalten Sie Ihr Handy aus, damit Sie niemand stört, und genießen Sie einfach die Stille des Waldes. Hören Sie auf Ihre Schritte auf dem Waldboden, beobachten Sie die Umgebung. Welche Pflanzen kennen Sie, welche Tierspuren sehen Sie? Oder setzen Sie sich einfach auf eine Bank am Waldrand und denken Sie nach: darüber, was in den letzten 40 Jahren gut gelaufen ist, und darüber, was Sie noch in Angriff nehmen möchten. Der Wald hilft Ihnen beim Nachdenken. Außerdem wirkt die Farbe Grün beruhigend und entspannend, und Grün gibt es im Wald nun einmal mehr als genug. Gerade wenn Sie gestresst sind, kann Ihnen ein Waldspaziergang also sehr gut zu mehr Ruhe verhelfen. Und nun sehen Sie auch endlich wieder den Wald vor lauter Bäumen!

Zu einem Gipfelkreuz – auf einem Berg

Wenn Sie auf einem Berggipfel stehen, liegt Ihnen die ganze Welt zu Füßen. Die Autos im Tal sehen aus wie Spielzeug, die Kühe wie kleine braune Flecken im grünen Gras und die Häuser wirken wie das Puppenhaus Ihrer kleinen Tochter. Und Sie sind stolz auf sich, denn Sie haben es geschafft: Sie sind in aller Frühe aufgestanden und haben einen Berggipfel erklommen.

Eigentlich sollte man nicht allein in die Berge gehen, aber wenn Sie sich an einem sonnigen Samstag oder Sonntag im September oder Oktober auf den Weg in die bayerischen Alpen oder den Hausberg Ihrer Region machen, ist die Gefahr, dass Sie sich wirklich allein auf den Weg zum Gipfel machen, ohnehin sehr gering. Trotzdem können Sie die Ruhe der Berge genießen. Den Verkehrslärm lassen Sie bald ganz weit hinter sich im Tal und hören nur noch das Klingeln zahlreicher Kuhglocken, die vielfältigen Stimmen der Vögel oder das Pfeifen der Murmeltiere. Schritt für Schritt arbeiten Sie sich nach oben vor, mal über sanfte Gebirgswiesen, mal über felsiges Terrain. Und irgendwann sind Sie dann oben angekommen und können den Blick über das Tal genießen.

Vor allem in den Alpen markiert dann oft ein Gipfelkreuz den höchsten Punkt eines Berges. Ursprünglich kennzeichneten Gipfelkreuze Alm- und Gemeindegrenzen, hatten aber auch eine religiöse Bedeutung – vom höchsten Punkt aus sollte Gott über die Gemeinde wachen. Heute werden sie von Sportvereinen, Tourismusbehörden oder der Bergrettung aufgestellt, oft auch nur aus ästhetischen Gründen, denn ein Berg mit einem Gipfelkreuz sieht einfach gut aus. Und auch auf dem Foto macht sich das Kreuz gut, denn wenn Sie neben dem Gipfelkreuz stehen, beweisen Sie allen Daheimgebliebenen: Ich war wirklich auf dem Großglockner!

Auf jeden Fall zeigt Ihnen die Aussicht von einem Berggipfel sehr schön, wie klein doch unsere Welt ist. Und wie klein auch manchmal unsere Probleme sind. Im Vergleich zur mächtigen Erhabenheit der Berge, die seit Jahrmillionen dort stehen und schon viele Menschen im Tal kommen und gehen gesehen haben.

Auf eine Pilgerreise

Der Komiker Hape Kerkeling hat es uns vorgemacht: Er pilgerte auf dem Jakobsweg nach Santiago de Compostela und erzählte davon in seinem Bestseller „Ich bin dann mal weg". Vier Millionen Mal verkaufte sich sein Reisebericht, der noch eine andere „Nebenwirkung" hatte: 2007, im Jahr nach der Veröffentlichung von Kerkelings Buch, stieg die Zahl der deutschen Pilger auf dem Jakobsweg um 71 Prozent an.

Wer sich auf eine Pilgerreise begibt, tut dies in der Regel aus religiösen Gründen, zum Beispiel um Buße zu tun, um ein Gelübde zu erfüllen oder in der Hoffnung auf die Erhörung eines Gebetes. Nicht nur im Christentum gibt es diese Pilgerreisen, die bekannteste islamische Variante ist der Hadsch nach Mekka, den jeder Muslim mindestens einmal in seinem Leben antreten sollte. Viele Menschen begeben sich aber auch auf den Jakobsweg oder andere Pilgerwege, weil sie sich eine Zeit lang aus dem Alltag ausklinken wollen. Je nachdem, wie lang die gewählte Etappe ist, müssen sie einige Tage oder Wochen nichts tun, außer zu gehen. Und haben dabei sehr viel Zeit, um über ihr Leben nachzudenken. Dazu kommt der Austausch mit Gleichgesinnten aus vielen Ländern in den Pilgerherbergen – auch hier lassen sich viele wertvolle Erkenntnisse nicht nur über den eigenen Glauben gewinnen.

Zugegeben: Von Einsamkeit kann auf dem Jakobsweg keine Rede mehr sein. 2010 machten sich rund 272 000 Menschen auf den Weg nach Santiago de Compostela – schon beinahe eine kleine Völkerwanderung. Doch um zu pilgern, müssen Sie nicht bis Santiago de Compostela laufen – auch durch Deutschland führt der Jakobsweg oder besser gesagt mehrere Jakobswege. So beginnt der Münchner Jakobsweg am Angerkloster am Jakobsplatz in München, führt dann nach Bregenz am Bodensee und mündet in die Schweizer Jakobswege. Auch in Hessen verläuft ein Zweig des Jakobsweges von Fulda nach Trier. Aber auch jenseits des berühmten Jakobsweges gibt es in Deutschland unzählige Wallfahrtsorte: Klöster und Kapellen oder andere Punkte von religiöser Bedeutung. Googeln Sie einfach einmal Ihren Wohnort oder Ihre Region in Verbindung mit „Wallfahrt" – Sie werden über die Anzahl der Suchergebnisse überrascht sein.

Und zu guter Letzt müssen Sie auch nicht unbedingt zu einem religiösen Ort pilgern. Sie können sich auch auf einen Weg machen, der nur für Sie eine spezielle Bedeutung hat. Das kann der Weg zu einem Kraftort in der Natur sein oder dem Ort, an dem Sie Ihre Partnerin kennengelernt haben. Wichtig bei Ihrer ganz persönlichen Pilgerreise ist, dass Sie eine Zeit lang nach innen schauen, sich besinnen auf das, worauf es im Leben ankommt, und ganz einfach einen Fuß vor den anderen setzen – so wie es im Leben ja auch Schritt für Schritt vorwärtsgeht.

An einen Ort, an dem es den Menschen schlechter geht als bei uns

Eine Reise in ein Entwicklungsland kann einem wirklich die Augen öffnen. Denn wir sehen, wie viele Menschen es gibt, die sehr viel weniger zum Leben haben als wir. Die in einfachen Häusern oder Hütten leben, in zerschlissenen Kleidern herumlaufen und sich freuen, wenn sie am Abend genug zu essen zu bekommen. Und trotzdem sitzen die Menschen nicht deprimiert herum, sondern gehen ganz normal ihrem Leben nach und kümmern sich darum, ihren mageren Lebensunterhalt zu verdienen.

Diese Armut hat viele Schattenseiten: Viele Menschen fertigen unsere Turnschuhe und Klamotten für einen Hungerlohn in Fabriken, die sich nicht um Arbeitszeitgesetze oder Arbeitssicherheit scheren. Kinder werden an reiche Touristen verkauft und eine vernünftige medizinische Versorgung können sich nur die Reichsten leisten. Und so bemerken wir plötzlich, wie gut es uns doch geht. Sauberes Wasser aus der Wasserleitung, ein Überangebot an Nahrungsmitteln und wenn wir krank sind, gehen wir eben zum Arzt.

Vielleicht sind wir ein kleines bisschen dankbarer für das, was wir haben, wenn wir von so einer Reise zurück nach Hause kommen. Reisen in weit entfernte Länder sind allerdings teuer. Doch ganz sicher gibt es auch in Ihrer Nähe Orte, an denen es den Menschen weniger gut geht. Fahren Sie nur mal nach Berlin-Neukölln, nach München-Hasenbergl oder Hamburg-Wilhelmsburg. Auch da müssen viele Menschen mit erheblich weniger auskommen als Sie. Arbeiten Sie ruhig mal ehrenamtlich mit, zum Beispiel beim Bundesverband Deutsche Tafel (www.tafel.de), der überschüssige Lebensmittel an Bedürftige weitergibt. Sie haben Glück: Sie können sich jeden Tag etwas zu essen leisten. Nicht jeder auf der Welt und noch nicht einmal in Deutschland hat dieses Glück. Stimmt Sie das nicht auch nachdenklich?

In Ihre Traumstadt

Jeder von uns hat seine Traumstadt: eine Stadt, bei der wir uns denken: Da möchte ich leben! Manche von uns haben diesen Traum verwirklicht, sind nach Berlin, Hamburg oder auch Paris gezogen und ihrem großen Traum so einen Schritt näher gekommen. Andere dagegen himmeln ihre große Liebe aus der Ferne an und träumen weiter von einem Leben dort.

Zugegeben: Wenn Ihre Traumstadt New York, Sydney oder Tokio ist, ist es nicht ganz leicht, dorthin auszuwandern. Und so einfach ein paar Tage zum Nachdenken nach Sydney zu verschwinden, will ich Ihnen jetzt auch nicht befehlen, denn erstens brauchen Sie das Geld vielleicht für andere Dinge dringender und zweitens will ich keine bösen E-Mails von Ihrer Partnerin bekommen, in der sie sich beschwert, dass ich Ihnen geraten habe, sich „einfach nach Australien abzusetzen". Dieser Punkt gilt für also für alle diejenigen, die eine Traumstadt in erreichbarer Nähe haben: Gönnen Sie sich einen Tages- oder Wochenendausflug und überprüfen Sie, ob Wien, München oder London immer noch Ihre Traumstadt ist. Ihre Partnerin und Kinder können Sie gerne mitnehmen, denn sich zwischendurch eine oder zwei Stunden zum Nachdenken abseilen können Sie immer.

Wofür steht Ihre Traumstadt und steht sie immer noch dafür? Was gefällt Ihnen daran so gut, wozu inspiriert Sie diese Stadt?

Welches Leben würden Sie leben, wenn Sie dort hinziehen könnten? Und können Sie vielleicht ein bisschen von diesem Leben in Ihr jetziges Leben bringen? Falls Sie zu denjenigen gehören, die von San Francisco, Kapstadt oder Rio träumen, können Sie immerhin in Gedanken dorthin reisen. Was bedeutet dieser Traum heute in Ihrem Leben? Träumen Sie immer noch den gleichen Traum? Oder haben sich Ihre Träume vielleicht geändert? Jede Menge Stoff zum Nachdenken also – nicht nur mit 40 Jahren!

An einen Ort, an dem Sie in Ihrer Kindheit sehr glücklich waren

Bei mir ist das der Wald, der nicht weit hinter unserem Elternhaus begann. Er war nahe genug, dass uns unsere Eltern dort ganz alleine spielen ließen, aber weit genug, dass wir uns dort richtig frei fühlten. Wir bauten Baumhäuser und fischten in dem kleinen Tümpel nach Kaulquappen, die wir dann stolz in einem Marmeladenglas mit in die Schule brachten. Wir kletterten auf die höchsten Bäume und Stefan brach sich dort einmal den Arm, als er herunterfiel. Dann verboten uns unsere Eltern eine Zeit lang, auf Bäume zu klettern, aber wir taten es natürlich trotzdem. Wir stocherten mit Ästen in Kaninchen- und Fuchsbauten herum und sammelten im Herbst Brombeeren.
Heute wohnen meine Eltern woanders, doch den Wald gibt es immer noch. Und ich war neulich nach langer Zeit wieder mal dort. Wie klein mir das Wäldchen jetzt vorkam! Es war auch tatsächlich ein wenig geschrumpft, denn an zwei Seiten gruben sich Neubausiedlungen in den Wald hinein. Den Tümpel gab es, doch Kaulquappen waren in der sumpfigen Brühe

kaum mehr zu entdecken. Ein paar rostige Nägel zeugten noch von unserem Baumhaus. Und da drüben – das war der Baum, von dem Stefan einst herunterfiel. Noch immer kenne ich dieses Wäldchen wie meine Westentasche und zahlreiche Erinnerungen kamen in mir hoch. Wie unbedarft wir doch damals in den Tag hinein lebten! Das Schlimmste, das uns passieren konnte, war, dass wir bei schönstem Wetter zum Nachsitzen verdonnert wurden und deshalb nicht draußen spielen konnten.

Aber ein bisschen was von diesem Neunjährigen steckt auch noch heute in mir, und so schaue ich mich erst gut um, ob mich auch ja niemand beobachtet, und setze dann ganz vorsichtig einen Fuß auf den untersten Ast meines Lieblingskletterbaums. Und dann ziehe ich mich nach oben …

Zehn Dinge, die Sie unbedingt tun müssen

Gehören Sie auch zu den Menschen, die To-do-Listen schreiben? Bei der Arbeit sicherlich, damit Sie nicht irgendetwas Wichtiges vergessen. Aber eine To-do-Liste fürs Leben schreiben? „Das ist doch Frauensache!", rufen Sie jetzt vielleicht empört. Und weil ich genau weiß, dass Sie sich für Ihr Leben keine To-do-Liste geschrieben haben, gebe ich Ihnen jetzt eine für Ihr 40. Lebensjahr. Ätsch-bätsch!

Bungee-Jumping

Wer es schafft, einen hundert Meter hohen Turm zu erklimmen, wer es übersteht, sich vom Kran auf sechzig Meter heben zu lassen, oder auf den Kufen eines Hubschraubers stehend den Aufstieg auf 500 Meter durchhält, um danach noch mit dem Kopf voran in die Tiefe zu springen, gehalten lediglich von ein paar Hundert verdrillten Polymerfäden, der kann von sich mit Fug und Recht behaupten, zwei bis zwölf Grundängste überwunden zu haben. Lohn der Angst: das irre Grinsen, das drei Wochen nicht aus dem Gesicht verschwindet. Kleiner Tipp: Je niedriger die Absprungshöhe, umso gruseliger ist es, sich nach dem Aufstieg (der ist in der Hubschraubervariante tatsächlich am kühnsten) dem Latexseil zu überantworten. Erklimmen Sie einfach mal ein Zehn-Meter-Brett im Schwimmbad und stellen

Sie sich vor, im Becken wäre kein Wasser. Und das Ganze jetzt mit einem Gummiseil an den Beinen, das den Sprung erst – so ab fünf Meter Falltiefe – gemächlich bremst und später dafür sorgt, dass zwischen Nase und Beton fünfzig Zentimeter übrig bleiben, Sie quasi Auge in Auge mit Fliesen und Fuge hängen. Fragen Sie, falls Sie einem in Ihrem Bekanntenkreis haben, einen Fallschirmspringer, was heftiger ist: der Absprung aus viertausend Meter Höhe, unter sich die Erde als Spielzeugeisenbahnlandschaft – oder der Bungee-Sprung von der Heini-Klopfer-Skiflugschanze in Oberstdorf, aus fünfzig Metern über dem Wald. Und übrigens ist Bungee-Jumping so gut wie vollkommen ungefährlich. Statistisch betrachtet.

Warum mit 40?

Nun, die körperliche Belastung bei dieser Sportart, bei deren Erfindung übrigens ein Südsee-Initationsritual Pate stand (in dieser Version sind die Seile allerdings nicht flexibel – und mit dem Abmessen nimmt man es auch nicht so genau), ist so gering, dass selbst Achtzigjährige noch springen könnten. Aber, unter uns: Die kleinen Zipperlein werden auch nicht weniger, und wer will schon einen Rheumaschub oder Hexenschuss riskieren, nur um mit dem Sprung von einer Staumauer (Staudamm Klaus, Österreich) angeben zu können? Eben. Also tun Sie es, solange der Astralleib diesen Namen auch noch verdient.

Tanzen lernen

Stellen Sie sich vor, Sie sind 15, in der 9. Klasse. Wie alle in diesem Alter verbringen Sie Ihren Freitagnachmittag im Tanzkurs. Das tun Sie aber nicht, weil Sie unbedingt Walzer, Disco-fox und Cha-Cha-Cha lernen wollen, denn Sie wissen genau: Zum Tanzen sind Jungs viel zu cool. Da steht man höchstens in der Schülerdisco am Rand der Tanzfläche herum und wippt ein bisschen mit dem Kopf. Oder tippt mit dem Fuß im Takt. Oder lässt sich zu einer kurzen Breakdance-Einlage hinreißen. Aber sonst nichts. Sie sind also nur aus einem einzigen Grund im Tanzkurs: Wo sonst können Sie den Mädels so leicht so nahe kommen? Und so stolpern Sie mit Zahnspangen-Sabine über die Tanzfläche. Und während Zahnspangen-Sabine davon träumt, dass Sie sich in Patrick Swayze verwandeln und „Dirty Dancing" mit ihr machen, denken Sie nur an eines: „Wie kann ich ihren Busen berühren, ohne dass sie mir eine knallt?"

Zehn oder auch 15 Jahre später sind Sie dann zu Ihrer ersten Hochzeitsfeier eingeladen und stellen fest: Vom Walzer ist aber auch gar nichts hängen geblieben! Und so stolpern Sie genauso unbeholfen über die Tanzfläche wie einst als 15-Jähriger. Spä-testens jetzt wird es Zeit für einen Tanzkurs. Die gibt es näm-lich auch für Erwachsene, für Singles und Paare, von Standard-tänzen für Einsteiger und Wiederholer bis hin zu Hip-Hop. Worauf warten Sie also noch?

Warum mit 40?

Egal, ob Sie in festen Händen oder noch auf der Suche nach der Traumfrau sind: Ein Tanzkurs lohnt sich immer. Ihre Partne-rin wird sich darüber freuen, dass Sie etwas gemeinsam mit ihr unternehmen wollen. Und wenn Ihnen Standardtänze zu langweilig sind, können Sie auch mit Salsa oder Tango neue Würze in Ihr Liebesleben bringen. Als Singlemann eröffnet ein Tanzkurs ganz neue Perspektiven. Denn ich sage Ihnen jetzt mal ganz im Geheimen: Nichts ist so sexy wie ein Mann, der sich zu Musik bewegen kann (sagt meine Frau zumindest). Und außerdem: Ihr Hormonspiegel ist heute in Ihrem Alter so stabil, dass Sie sich voll und ganz auf die Tanzschritte konzentrieren können.

Dem Chef die Meinung sagen

Zu Ihrem 40. Geburtstag erfüllt Ihnen eine gute Fee einen Wunsch: Sie dürfen einen Tag lang Ihre ehrliche Meinung sagen, ohne dafür die Konsequenzen tragen zu müssen. Als Erster ist Ihr Chef dran. Was sagen Sie ihm? Dass er ein guter Chef ist, der seinen Mitarbeitern vertraut und jederzeit hinter ihnen steht? Herzlichen Glückwunsch – überspringen Sie dieses Kapitel und gehen Sie zum nächsten Punkt über! Vielleicht sind Sie aber auch nicht ganz so zufrieden mit Ihrem Chef? Er gibt Ihnen nämlich immer äußerst ungenaue Anweisungen und flippt dann aus, wenn Sie einen Fehler machen? Oder er hat seine auserwählten Lieblinge, zu denen Sie leider nicht gehören – und das lässt er Sie auch spüren? Oder er steht selbst unter Druck und lässt das an seinen Mitarbeitern aus? Normalerweise schlucken Sie das alles hinunter, ärgern sich und bekommen dann irgendwann ein Magengeschwür. Heute ist es anders. Heute sagen Sie dem Chef die Meinung. Aber nicht so, dass Sie ihm dabei ins Gesicht brüllen: „Sie alter Depp, Sie sind doch völlig unfähig!" Nutzen Sie diese Möglichkeit zum Beispiel im Jahresgespräch. Sprechen Sie Dinge an, die Sie am Verhalten des Chefs stören, aber bleiben Sie dabei konstruktiv. Hüten Sie sich vor Verallgemeinerungen wie „immer" oder „nie" und auch vor Schuldzuweisungen. Sprechen Sie lieber in

Ich-Botschaften wie „Mir fällt es schwer, Anweisungen umzusetzen, wenn ich keine klaren Richtlinien dazu habe." Ob Ihre Kritik bei Ihrem Chef auch ankommt, ist eine andere Frage. Aber Sie haben es zumindest versucht.

Warum mit 40?

Nach heutigem Stand haben Sie noch 27 Jahre bis zur Rente. Vermutlich haben Sie nicht mehr 27 Jahre den gleichen Chef, vielleicht auch nicht einmal mehr den gleichen Job. Trotzdem wollen Sie bestimmt nicht noch 27 Jahre weiter buckeln und kuschen. Also ist jetzt der Zeitpunkt gekommen, um den Mund aufzumachen. Und wenn der Chef darüber so sauer ist, dass er Sie rausschmeißt, sind Sie immer noch jung genug, um ohne Probleme einen neuen Job zu finden.

Etwas tun, das Sie zutiefst hassen, um Ihrer Partnerin eine Freude zu machen

Mal ganz ehrlich: Wie stehen Sie zu Robbie Williams, Bon Jovi oder George Michael? Sie finden, das ist Musik für Frauen? Ganz klar, Sie stehen auf härtere Sachen wie Guns N' Roses, „echte" Rockmusik wie U2 oder Linkin Park oder auf Hip-Hop à la Eminem. Doch plötzlich strahlt Ihre Partnerin Sie verzückt an: „Robbie kommt auf Tournee! Da will ich unbedingt hin!" – „Nur über meine Leiche", denken Sie, „ich schau mir doch nicht zwei Stunden lang an, wie dieser Typ die Frauen verrückt macht. Und bei Schnulzen wie ‚Angels' oder ‚Feel' wird mir schlecht!"

Lassen Sie sich eines gesagt sein: Wenn Ihre Frau unbedingt zu Robbie will, dann geht sie hin. Auch ohne Sie. So wie Sie auch ohne Ihre Partnerin ins Fußballstadion gehen. Aber ich habe einen Tipp für Sie: Gehen Sie mit Ihrer Partnerin zusammen hin – und Sie haben bei Ihr einen riesigen Stein im Brett. Einen Felsbrocken sozusagen. Aber halten Sie sich zurück, jammern Sie im Vorfeld nicht herum und lästern Sie nicht. Freuen Sie sich mit Ihrer Partnerin zusammen. Freuen Sie sich darüber, dass Ihre Frau sich freut, und lassen Sie sich von ihrem Spaß und ihrer Freude mitreißen. Seien Sie einen Abend lang völlig selbstlos und tun Sie etwas nur für Ihre Liebste. Und wissen Sie, was das Beste ist? Ihre Partnerin mag an diesem Abend zwar völlig verrückt nach Robbie sein – aber wer liegt danach neben ihr im Bett? Eben!

Warum mit 40?

Selbstlos sein, über den eigenen Schatten springen und anderen eine Freude machen kann man immer. Auf ein Rockkonzert (na ja, eher ein Popkonzert) gehen kann man theoretisch zwar auch immer, doch muss man mit zunehmendem Alter immer mehr Utensilien mitnehmen, allen voran Oropax. Außerdem begnügt man sich mit einem Sitzplatz, um nicht gar so lange stehen zu müssen. Und springt sofort beim letzten Ton der Zugabe auf, damit es nicht ganz so spät wird. Mit 40 steckt man auch die Strapazen eines zweistündigen Konzerts noch locker weg und kann ungehemmt mit Robbie „Let me entertain you" brüllen.

Zeit verschenken

Je älter wir werden, desto weniger Zeit haben wir. Nicht nur weil uns immer weniger Zeit bleibt (ja, ja, ist ja schon gut: Das wollen Sie mit 40 nun ganz bestimmt nicht hören!), sondern weil immer mehr Menschen unsere Zeit beanspruchen. Da ist zum einen der Job, in dem wir mindestens acht Stunden pro Tag verbringen müssen. Da sind Frau/Freundin und/oder Kinder, mit denen wir gerne Zeit verbringen wollen. Da sind die Eltern, die gerne mehr von unserer Zeit hätten. Und da sind die Fußballkumpels, die Studienfreunde von früher, die Jungs aus dem Modellfliegerverein, die wir alle auch noch irgendwann sehen wollen. Einen Strauß Blumen, ein Parfum oder eine Konzertkarte zu verschenken, fällt uns nicht schwer. Aber Zeit? Zeit ist ein kostbares Gut – umso wertvoller wird sie, wenn wir sie verschenken. Schenken Sie also einem lieben Menschen Zeit. Nehmen wir zum Beispiel Ihre Mutter. Sie wohnt vielleicht in einer anderen Stadt und Sie sehen sie nicht mehr so häufig. Auch für ein Telefongespräch reicht die Zeit oft nicht. Also schenken Sie ihr zum nächsten Geburtstag Zeit: Zeit mit Ihnen. Sagen Sie Ihr einen Besuch für das nächste Wochenende zu. Und dann gestalten Sie den Tag so, wie es sich Ihre Mutter wünscht. Machen Sie einen Ausflug mit ihr, gehen Sie mit ihr ins Theater, zu einer Ausstellung oder ins Konzert, helfen Sie ihr im Garten … Über diese gemeinsam verbrachte Zeit wird sie sich weit mehr freuen als über den schönsten Blumenstrauß. Übrigens: Auch sich selbst können Sie Zeit schenken. Tun Sie etwas, das Sie so sehr fesselt, dass Sie darüber ganz die Zeit vergessen. Einem Hobby nachgehen, für das Sie sonst kaum Zeit haben zum Beispiel. Manche Menschen nennen das Zeit vertrödeln – wir nennen es: sich selbst Zeit schenken.

Warum mit 40?

Mit 40 haben Sie noch sehr viel Zeit, die Sie verschenken können, denn Sie haben erst die Hälfte Ihres Lebens hinter sich.
Vielleicht ist dieser Geburtstag aber auch Anlass, darüber nachzudenken, wem Sie gerne mehr Zeit schenken würden? Müssen Sie wirklich zehn Stunden und mehr am Tag in der Arbeit
sitzen oder gibt es Menschen, denen Sie Ihre Zeit lieber schenken würden als der Firma? Dann ist es jetzt an der Zeit, etwas
an Ihrer Situation zu verändern!

Einem alten Freund schreiben

Erinnern Sie sich noch an Markus? Damals, in der 10. Klasse
waren Sie unzertrennlich. Haben zusammen Fußball gespielt,
in Mathe voneinander abgeschrieben und sich gemeinsam
geärgert, dass Sie bei Sandra keine Chance hatten. Und einmal,
da sind Sie in einer warmen Sommernacht ins Freibad einge-
brochen und ein paar Runden geschwommen. Später kamen
dann andere Freunde und andere Interessen dazu, aber Sie hin-
gen immer noch in der gleichen Clique herum. Bis sich nach
dem Abitur Ihre Wege ganz plötzlich trennten. Markus ging
zum Bund, Sie machten Zivildienst. Was er danach gemacht
hat, haben Sie nur noch über Dritte erfahren – eine Banklehre
war es. Bei den Klassentreffen, die alle fünf Jahre stattfinden,
hat mal er, mal Sie gefehlt. Und Sie stellen fest, dass Sie keine
Ahnung haben, was Markus heute macht. Aber wäre es nicht
interessant zu wissen, ob er je die USA mit dem Motorrad
durchquert hat, wie er als 16-Jähriger träumte?
Nehmen Sie Kontakt mit Markus – oder Peter, Andreas,
Tobias … – auf und fragen Sie ihn einfach! Sie wissen nicht, wo

Markus wohnt? Dann fragen Sie mal Tante Google. Und Onkel Facebook. Oder den Vetter Stayfriends. Irgendwo werden Sie Markus schon finden. Melden Sie sich mit einer kurzen Mail, erzählen Sie ihm, dass Ihnen gerade die Nacht im Freibad wieder eingefallen ist, und fragen Sie ihn, wie es ihm geht. Wenn er sich meldet – schön für Sie! Vielleicht können Sie gemeinsam in alten Erinnerungen schwelgen und lachen sich noch heute schlapp über den Streich, den Sie Mathelehrer Böck gespielt haben. Vielleicht stellen Sie aber auch fest, dass die guten alten Zeiten endgültig vorbei sind und Sie sich nichts mehr zu sagen haben. Aber Sie haben es zumindest versucht und wissen nun, was aus Markus geworden ist. Vielleicht meldet sich Markus aber auch nicht – dann akzeptieren Sie das eben.

Warum mit 40?

Weil Sie feststellen werden, dass Sie immer öfter an die alten Zeiten zurückdenken werden. Weil Sie jetzt wissen, dass zu einer echten Freundschaft mehr gehört, als nur voneinander Mathe abzuschreiben. Und weil Sie Markus ab und zu vermissen und sich fragen, was wohl aus ihm geworden ist. Noch nie war es so leicht wie heute, verschollene Freunde wiederzufinden – also: Nichts wie ab zu Facebook!

Sich mit den Eltern aussprechen

Mal ganz ehrlich: Wie ist Ihr Verhältnis zu Ihren Eltern? Leben sie in Ihrer Nähe und sehen Sie sich regelmäßig? Oder halten Sie eher telefonisch Kontakt? Worüber sprechen Sie mit Ihren Eltern? Über Belanglosigkeiten oder über das, was Sie wirklich beschäftigt? Wenn wir jung sind, streben wir weg von unserem Elternhaus. Wir nabeln uns ab von Mutter und Vater, freuen uns auf die erste eigene Wohnung und darauf, endlich unser eigenes Leben zu führen. Vielleicht waren unsere Kindheit und unsere Jugend aber auch schwierig und wir sind froh, dem Elternhaus endlich den Rücken kehren zu können. Über Mutter und Vater, die nun mit einem leeren Nest zurückbleiben, machen wir uns kaum Gedanken.

Im Laufe der Jahre schleicht sich ein gewisser Umgang mit den Eltern ein. Wir wissen genau, dass wir mit Vater wunderbar über Eishockey fachsimpeln können, die „Grünen" dagegen ein rotes Tuch für ihn sind. Und wir wissen ebenso gut, dass wir unserer Mutter gewisse Details aus unserem Lebenswandel lieber verschweigen. Doch vielleicht sollten wir mit unseren Eltern nicht immer nur über Belanglosigkeiten reden, sondern auch Themen anschneiden, die es in sich haben. Vielleicht hegen Sie aus irgendwelchen Gründen immer noch einen Groll gegen Ihre Eltern. Dann sollten Sie dieses Thema nicht mehr unter den Teppich kehren, sondern offen ansprechen. Sagen Sie ihnen, was schiefgelaufen ist, aber hüten Sie sich vor pauschalen Schuldzuweisungen. Sagen Sie stattdessen, was das Verhalten Ihrer Eltern bei Ihnen bewirkt hat. Sie werden sich vielleicht unnachgiebig zeigen – reagieren Sie dann nicht beleidigt oder trotzig. Ihre Eltern haben eine Situation jahrelang aus einer bestimmten Perspektive gesehen, die können sie jetzt nicht so einfach aufgeben. Akzeptieren Sie das und sagen Sie Ihren Eltern, dass Sie sie trotzdem mögen – wichtig ist nur, dass Sie die Situation einmal angesprochen haben. Und wenn Ihre Eltern wirklich großartige Eltern waren, dann sagen Sie ihnen auch das einmal.

Warum mit 40?

Um es ganz prosaisch zu sagen: Ihre Eltern werden nicht ewig leben. Nutzen Sie die Zeit, die Ihnen noch zusammen bleibt, um Unausgesprochenes auszusprechen und böse Gefühle aus dem Weg zu räumen. Wenn Ihr Vater oder Ihre Mutter erst einmal tot sind, ist es zu spät. Dann denken Sie vielleicht: „Wäre ich doch über meinen Schatten gesprungen, hätte ich doch …" Tun Sie es also, bevor es zu spät ist!

Das Parteiprogramm Ihrer Partei durchlesen

Gehören Sie zu den Menschen, die seit Jahren ihr Kreuz an derselben Stelle machen? Oder lassen Sie sich von den aktuellen Wahlversprechen mitreißen? Vielleicht gehen Sie gar nicht zur Wahl, weil die Parteien „ja sowieso alle gleich" sind? Dann dürfen Sie sich aber hinterher auch nicht beschweren! Für alle anderen kommt jetzt die Gretchenfrage: Haben Sie je das Programm der Partei, die Sie wählen, gelesen? Wenn es Ihnen wie mir geht, dann haben Sie das nicht. Also tun Sie es jetzt. Sie finden das Parteiprogramm ganz einfach auf der Internetseite „Ihrer" Partei. Sind Sie jetzt immer noch für diese Partei? Stimmen Sie in manchen Dingen vielleicht nicht mit ihr überein? Und können Sie diese abweichenden Meinungen tolerieren oder nicht? Als Wähler bestimmen wir die Zukunft unseres Landes. Also sollten wir auch so gut wie möglich darüber informiert sein, was die Politik mit unserem Land vorhat. So können wir informierte Entscheidungen treffen – oder nach der Lektüre der verschiedenen Wahlprogramme sagen: „Die Parteien sind ja sowieso alle gleich."

Warum mit 40?

Weil Sie inzwischen begriffen haben, dass auch Ihr Kreuzchen auf dem Wahlzettel wichtig ist. Weil Sie vielleicht Kinder haben und diesen eine sichere und gute Zukunft wünschen. Und weil Sie sich bei Ihren Entscheidungen nicht mehr von den oft leeren Wahlversprechen leiten lassen wollen, sondern auf der Basis eines Grundsatzprogramms einer Partei Ihre Stimme geben wollen.

Eine Frau, in die Sie hoffnungslos verliebt waren, abschreiben

Auf Englisch heißt diese Frau, die es wohl im Leben eines jeden Mannes gibt, „the one that got away", also „diejenige, die noch einmal davon gekommen ist". Mehrere Bücher tragen diesen Titel und Katy Perry, Pink und Natasha Bedingfield haben der männlichen Version (ja, auch das gibt es!) je einen Song gewidmet.

The one that got away – das ist diese eine Traumfrau, die Sie irgendwann einmal kennengelernt haben und die Sie völlig von den Socken gerissen hat. Doch aus irgendeinem Grund hat es mit Ihnen nicht geklappt: Sie waren beide anderweitig vergeben, die Traumfrau wanderte nach Australien aus oder Sie waren einfach nicht ihr Typ. Aber trotzdem haben Sie diese Frau nicht vergessen. Jede neue Bekanntschaft wird mit ihr verglichen und natürlich kann keine Frau mit ihr mithalten. Und so suchen und suchen Sie, und wenn Sie nicht gestorben sind, so suchen Sie noch heute. Machen Sie sich eines klar: Sie werden diese Frau nicht kriegen. Nicht heute, nicht morgen und auch in 100 Jahren nicht. Sie lebt glücklich mit Mann und vier

Kindern auf einer Farm im australischen Outback oder ist mit einem Mann zusammen, der das genaue Gegenteil von Ihnen ist. Und mal ehrlich: Kann es sein, dass Sie diese Frau auch deswegen so idealisieren, weil Sie sie nicht bekommen konnten? Im Nachhinein sieht man vieles durch die rosarote Brille. Auch diese Frau hat – wie wir alle – sicherlich auch ihre negativen Seiten. Und die würden Sie vermutlich schon längst in den Wahnsinn treiben, wenn Sie mit ihr zusammen wären. Glauben Sie mir!

Warum mit 40?

Weil es mit 40 langsam Zeit wird, im wahren Leben anzukommen. Sehen Sie die Sache realistisch und gestehen Sie sich ein, dass Sie diese Frau nicht bekommen werden, so wie Sie auch nie das entscheidende Tor bei der Fußball-WM erzielen werden. Wenn Sie die ganze Zeit einem unerreichbaren Ideal hinterherrennen, verlieren Sie den Blick für die wesentlichen Dinge in Ihrem Leben. Und die können Ihnen manchmal ganz nahe sein.

Sich eine besondere Fähigkeit aneignen

Keine Angst, hier geht es nicht darum, dass Sie „Alle meine Entchen" bellen, Buntstifte am Geschmack erkennen oder Ihren Körper zu Verrenkungen verbiegen müssen, die die Natur so nicht vorgesehen hat. Mit anderen Worten: Es geht hier nicht um das, was Ihnen einen Auftritt bei „Das Supertalent" oder „Wetten, dass …?" einbringt, nur um sich dann von einem Dieter Bohlen zur Schnecke machen zu lassen. Nein, hier geht es darum, etwas Neues zu lernen, das Sie bisher noch nicht können. Eine Fremdsprache, zum Beispiel Spanisch, damit Sie im Urlaub auf Mallorca auch verstehen, was die Einheimischen über Sie lästern. Oder kochen, wenn Sie sonst ein Experte im Benutzen der Mikrowelle sind. Oder eine Website zu basteln, um Ihre Meinung auf einem Blog zu verkünden. Eben irgendetwas, das Sie schon immer einmal lernen wollten und mit dem Sie Ihre Mitmenschen ein bisschen beeindrucken können. Sodass Ihre Kumpels zu Ihnen kommen und sagen: „Du hast doch da neulich eine schöne Website gebastelt – kannst du für mich auch eine machen?"

Am Anfang wird es vielleicht ungewohnt für Sie sein, wieder etwas Neues zu lernen. Vielleicht haben Sie auch Probleme, am Ball zu bleiben. Belohnen Sie sich daher, wenn Sie ein kleines Ziel erreicht haben, zum Beispiel mit einer CD, einem guten Essen mit Ihrer Partnerin oder mit einem Wochenendausflug.

Warum mit 40?

Das Lernen fällt Ihnen jetzt zwar nicht mehr ganz so leicht wie in der Schule oder Uni, aber Ihre grauen Zellen sind noch gut in Schuss – und freuen sich, wenn sie einmal wieder herausgefordert werden. Außerdem sind Sie mit 40 noch zu jung, um sich mit dem zufriedenzugeben, was Sie haben und können. Zwickt Sie nicht auch ab und zu die Lust auf etwas Neues? Dann halten Sie es mit Nike: Just do it!

Zehn Dinge, die Sie nicht mehr tun oder haben müssen

Genauso praktisch, wie sich To-do-Listen zu schreiben, ist, sich Not-to-do-Listen zu schreiben. Aber das machen noch weniger Männer. Ich schon! Und hier ist meine persönliche Not-to-do-Liste für Sie: mein Geburtstagsgeschenk zum Vierziger!

Sich vor Publikum zum Idioten machen

Was ist es bei Ihnen? „Wind of Change" von den Scorpions? „Angels" von Robbie Williams? Oder gar „Highway to Hell" von AC/DC? Ja, Sie haben richtig geraten: Wir sprechen von Liedern, die gerne beim Karaoke zum Besten gegeben werden. Nach einer feucht-fröhlichen Nacht mit Freunden oder auf einer Party, wenn irgendjemand auf die Idee kommt, es wäre doch furchtbar witzig, jetzt das Spiel „Singstar" herauszukramen: Immer wieder lassen sich normalerweise vernunftbegabte Menschen dazu hinreißen, sich zum Affen zu machen. Da schmettern sie lautstark Schnulzen in die Runde, greifen zur Luftgitarre oder stellen sich für blöde Spielchen zur Verfügung. Vor zehn Jahren war das auch noch kein Problem. Am nächsten Morgen fragte man sich nur: „Habe ich das wirklich gemacht? Nee, muss wohl ein Albtraum gewesen sein!" Heute dagegen loggen wir uns am nächsten Tag bei Facebook ein und das Grauen trifft uns wie ein Schlag in die Magengrube: Das Video, in dem wir „Dancing Queen" von Abba singen, wurde schon fünfzig Mal angesehen und 49 Menschen gefällt es – auch dem Chef. Die Person, der es nicht gefällt, ist Ihre Partnerin, die wütend vor Ihnen steht: „Sag mal, wie viel hast du denn gestern wieder getrunken?"

Wer sich heute auf eine Bühne stellt und irgendetwas tut, muss damit rechnen, dass die ganze Welt es zu sehen bekommt: bei Facebook, bei Youtube, bei Twitter. Und da bekommt man es bekanntlich nicht mehr weg. Also ist es nun allerhöchste Zeit, mit solch einem Blödsinn aufzuhören. Kein Karaoke mehr, keine Teilnahme an der Luftgitarren-Weltmeisterschaft und die Castingshows überlassen Sie mal lieber den Teenies, die so behütet aufgewachsen sind, dass sich niemand traut, ihnen zu sagen, dass sie nun einmal partout nicht singen können. Bleiben Sie also sitzen, wenn Ihre Kumpels sich auf den Weg zur Karaoke-Maschine machen, täuschen Sie plötzliche Heiserkeit vor oder „erinnern" Sie sich an einen Termin am nächsten Morgen, wegen dem Sie nun unbedingt nach Hause müssen. Oder bleiben Sie ganz einfach sitzen, zücken Sie Ihr Handy und … ach nein, das wäre jetzt ja wirklich fies.

Warum mit 40?

Warum nicht schon viel früher? Spätestens mit 40 sollten Sie verstehen, dass jeder Blödsinn heute im Internet landet und dort für jedermann sichtbar ist und für alle Zeiten sichtbar bleibt. Wollen Sie der Mensch hinter dem Link sein, der von Ihren Kollegen mit dem Betreff „Unbedingt anschauen" weitergeleitet wird? Eben!

Neben einer Frau aufwachen, bei deren Anblick Sie sich erschrecken

Auch bei diesem Punkt ist oft Alkohol im Spiel oder ein plötzlicher Überschwang der Hormone. Wie es genau passiert ist, wissen Sie selbst nicht mehr: Sie waren gestern ganz in einem Club, unterhielten sich mit einer Frau, von der Sie nicht mehr wahrnahmen als ihren kurzen Rock und das tief ausgeschnittene Top, und dann wachen Sie auf und stellen fest, dass die scharfe Blondine von gestern ihre Haarfarbe auch mal wieder dringend auffrischen müsste und ihr Dekolleté auch nur der Hilfe moderner BH-Technologen zu verdanken hatte. Ganz zu schweigen davon, dass sie altersmäßig eher Ihrer Mutter nahe steht als Ihnen. Dann wacht sie auf und sagt: „Oh, Schnuckelchen, ich liebe dich. Willst du bei mir einziehen?" Und sie müssen sich nun irgendwie aus der Affäre ziehen, im wahrsten Sinne des Wortes.

So eine Geschichte würde sich eigentlich prima als Anekdote im Freundeskreis eignen, wenn sie Ihnen nicht so verdammt peinlich wäre. Und Sie denken sich: „Mist, warum muss so etwas immer mir passieren?" Wäre es jetzt nicht an der Zeit, Ihr Verhalten zu ändern? Für einen klitzekleinen Moment das Gehirn einzuschalten, bevor die Lust die Oberhand gewinnt? Eine winzigkleine Pro-und-Kontra-Liste aufzustellen? Pro: okay, Sex, der vielleicht gut sein kann, vielleicht aber auch nicht. Kontra: eine Frau, von der ich gar nichts weiß (nicht einmal, wie sie bei Tageslicht aussieht), die vielleicht einen Doppelgänger von Wladimir Klitschko als Freund hat, der zwar eigentlich verreist ist, dann aber früher nach Hause kommt, und der ich dann eine falsche Telefonnummer geben muss, damit sie mich nicht gleich als ihren neuen Freund betrachtet.

Von der Fummelei mit dem Kondom mal ganz abgesehen. Fällt Ihnen diese Entscheidung nun schwer oder leicht?

Warum mit 40?

Auch wenn Sie das jetzt bestimmt nicht hören wollen, sage ich es Ihnen trotzdem: Bei einem Mann mit 40 ist die sexuelle Leistungsfähigkeit bereits auf dem absteigenden Ast. Drehen wir diese Tatsache ins Positive um: Sie sind mit 40 nicht mehr der Sklave Ihrer Triebe, der Sie mit 20 waren. Oder auch: Ihr Köpfchen funktioniert noch, auch wenn das Blut anderswohin drängt. Sie haben sich also zu einem gewissen Grad unter Kontrolle und müssen nicht mehr jedem Rock hinterherspringen. Mal ganz abgesehen davon, dass das auch peinlich wird, wenn Sie ein gewisses Alter erreicht haben. Sie sind ja schließlich nicht Playboy-Chef Hugh Hefner. Und wäre es mit 40 nicht auch an der Zeit, langsam sesshaft zu werden? Dann ist eine Frau, bei deren Anblick Sie sich erschrecken, nicht die richtige Kandidatin.

Sich ein Tattoo zulegen

Im August 2012 brachte eine Emnid-Studie zutage: Jeder Zehnte in Deutschland trägt ein Tattoo. Am häufigsten ist diese Art des Körperschmucks bei den 30- bis 39-Jährigen zu finden: 23 Prozent von ihnen sind nämlich tätowiert. Interessant ist hier auch die Verteilung nach Einkommensgruppen: Unter den Menschen, die weniger als 1.000 Euro netto pro Monat zur Verfügung haben, sind 16 Prozent tätowiert, bei den Gutverdienern mit über 2.500 Euro pro Monat dagegen nur acht Prozent.

Nun kann man argumentieren, dass Tattoo nicht gleich Tattoo ist: Und natürlich besteht ein Unterschied zwischen einer großflächigen Bemalung à la David Beckham und dem Namen der Tochter, den man sich ganz klein in der Nähe des Herzens stechen lässt. Aber trotzdem: Ein Tattoo ist für die Ewigkeit. Und das musste nicht nur Johnny Depp bereuen, der sich seine Liebe zu seiner damaligen Freundin Winona Ryder auf die Haut malen ließ. Später wurde aus „Winona forever" ein „Wino (Saufbruder) forever". Und wenn der Mann nicht zufällig Johnny Depp wäre, würde ein solches Tattoo ausreichen, um ganz Scharen von Frauen in die Flucht zu schlagen. Außerdem: Wer kann Ihnen mit Sicherheit sagen, dass das chinesische Motiv auf Ihrem Oberarm auch wirklich „Hoffnung" bedeutet und nicht etwa „Blödmann"?

Ich höre schon Ihre Gegenargumente: Mit 40 seien Sie schließlich schon besser in der Lage zu beurteilen, ob eine bestimmte Frau „forever" oder nur für ein paar Wochen ist, als mit 20. Und auch Ihre Liebe zu Harley Davidson mag auch dann noch vorhanden sein, wenn sie mit einem frisierten Rollator unterwegs sind. Auch das Argument, Tattoos sähen an 80-jähriger, faltiger Haut blöd aus, zählt nicht richtig, denn schließlich sind Sie bei Weitem nicht der Einzige, der so herumläuft. Trotzdem: Sich mit 40 noch ein Tattoo stechen zu lassen, muss nicht sein.

Warum mit 40?

Wie es die Studie zeigt: Menschen über 40 sind eher selten tätowiert – wollen Sie da die Ausnahme sein? Mit 40 haben Sie außerdem gelernt, dass man Individualität nicht mit Zeichnungen auf der Haut ausdrückt, die mittlerweile ein Massenphänomen geworden sind, sondern durch seinen eigenen unverwechselbaren Charakter. Durch die Lebenserfahrung, die Sie mittlerweile gesammelt haben, sind Sie zu dem geworden, der Sie heute sind. Und das müssen Sie sich nicht auf die Haut schreiben.

Einen Vollrausch mit Filmriss haben

Haben Sie den Film „Hangover" gesehen, die Geschichte von vier Freunden, die eigentlich „nur" einen Junggesellenabschied in Las Vegas feiern wollen? Sie trinken auf dem Hoteldach Jägermeister, und als sie am nächsten Morgen aufwachen, ist der Bräutigam verschwunden, im Badezimmer der völlig zertrümmerten Hotelsuite befindet sich ein Tiger und im Kleiderschrank schreit ein Baby. Nun müssen sie anhand von Indizien rekonstruieren, was in der letzten Nacht passiert ist.

Im Kino ist das wahnsinnig witzig – aber nur weil es anderen passiert und nicht Ihnen. Vielleicht sitzt in Ihrem Bad kein Tiger, aber vielleicht befindet sich in Ihrem Bett eine Frau, bei deren Anblick Sie sich erschrecken (siehe oben). Oder Sie wissen nicht, wie Sie in das Bett gekommen sind, in dem Sie sich gerade befinden. Blöderweise wissen Sie auch nicht mehr, ob Sie im Eifer des Gefechts ein Kondom benutzt haben oder ob die Frau, an deren Namen Sie sich nicht mehr erinnern können, schon schwanger von Ihnen ist. Und wo haben Sie eigentlich Ihr Auto gelassen?

Ganz blöd ist, wenn Sie nach Ihrem Filmriss in der Ausnüchterungszelle der Polizei wieder zu sich kommen und keine Ahnung haben, wie sie dort hineingekommen sind. Na, ist Ihnen jetzt noch zum Lachen zumute? Ein Filmriss kann harmlos ausgehen, aber auch dumme Folgen haben. Wollen Sie dieses Risiko wirklich eingehen?

Warum mit 40?

Mit 40 haben Sie immerhin so viel Verantwortungsbewusstsein, dass Sie wissen, dass ein Filmriss ganz schön üble Folgen haben kann. Ihnen ist klar, dass Sie Ihre Beziehung oder Ehe aufs Spiel setzen, wenn Sie nach dem Betriebsausflug mit der hübschen Blondine aus der Buchhaltung im Bett landen. Und sie wissen, dass man nach drei Mass Bier nicht mehr fahrtüchtig ist, auch wenn Bier in Bayern ein Grundnahrungsmittel ist. Kurz zusammengefasst: Sie wissen, dass extremer Alkoholgenuss Risiken birgt – und Sie sind nun nicht mehr bereit, diese Risiken einzugehen.

Sich einbilden, doch noch mal Rockstar/Fußballer zu werden

Stellen Sie sich vor, Sie liegen nachts im Bett und plötzlich kommt eine gute Fee zum offenen Fenster hereingeflattert. (Falls Sie jetzt sagen: „Das muss ich mir nicht vorstellen, dass passiert ständig!", dann gehen Sie bitte zum vorherigen Punkt zurück.) Und diese Fee sagt zu Ihnen: „Ich transportiere dich jetzt sofort in ein anderes Leben. Du darfst dir aussuchen, wer du sein möchtest." Möchten Sie nun in genau das Leben versetzt werden, das Sie schon führen? Wenn ja: herzlichen Glückwunsch! Wenn nein: Wie sähe denn Ihr ideales Leben aus? Auf einer Insel unter Palmen und nie mehr arbeiten müssen? Als Rockstar geile Konzerte geben, von Millionen bejubelt werden und „Sex and Drugs and Rock 'n' Roll" zum Lebensmotto zu haben? Oder bei der nächsten Fußball-WM im Endspiel zu stehen, es ist zehn Sekunden vor Abpfiff, Sie stürmen auf das gegnerische Tor und der Ball ist drin! 1:0 für Deutschland und das auch noch gegen die Holländer!

Leider muss ich Ihnen etwas Trauriges sagen: Die gute Fee gibt es nicht. Ihre Wünsche werden niemals wahr werden. Außer vielleicht der mit der Insel unter Palmen – wenn Sie im Lotto gewinnen. Und dafür steht die Chance ungefähr 1:140 Millionen. Aber dass Sie mit 40 noch mal ein berühmter Rockstar oder Fußballer werden … Tja, so viel Nullen, wie ich für diese Wahrscheinlichkeitsrechnung bräuchte … Im Grunde Ihres Herzens wissen Sie das ja auch. Aber trotzdem, trotzdem können Sie sich nicht von Ihrer Metal-Matte trennen. Und trotzdem denken Sie sich: „Wenn ich es nur mal öfter ins Fitnessstudio schaffe, dann klappt's auch mit dem Fußball". Tut mir leid, aber das wird nichts mehr. Verabschieden Sie sich von diesen Träumen und kümmern Sie sich lieber um das, was Sie bisher in Ihrem Leben erreicht haben. Ein geiles Luftgitarrensolo dürfen Sie bei „Highway to Hell" natürlich immer noch hinlegen – außer: siehe oben.

Warum mit 40?

Auch wenn 40 mindestens die neuen 30 sind, gibt es zwei „Jobs"; bei denen Sie mit 40 definitiv zum alten Eisen gehören: als Rockstar und als Fußballer. Das sollten Sie jetzt einsehen und diese Träume loslassen. Konzentrieren Sie sich lieber auf die Jobs, auf die Sie in Ihrem Alter noch eine echte Chance haben. Ronald Reagan war zum Beispiel schon 70, als er Präsident der Vereinigten Staaten wurde, Joachim Gauck wurde mit 72 zum Bundespräsidenten gewählt. Ihnen bleiben also noch 30 Jahre, um in die Politik zu gehen und schließlich an der Spitze eines Staates zu landen!

Mit Ihren Freunden fast nur über Facebook zu kommunizieren

Wie viele Freunde haben Sie? Liegt die Zahl im dreistelligen Bereich? Bei Facebook bestimmt, doch wie viele dieser Menschen können Sie auch nachts um drei Uhr anrufen, wenn es Ihnen schlecht geht? Der durchschnittliche Facebook-Nutzer hat 120 Freunde in diesem sozialen Netzwerk und verbringt pro Monat 15 Stunden und 33 Minuten bei Facebook. Dort informieren wir uns über die Neuigkeiten aus unserem Freundeskreis, ändern unseren Beziehungsstatus und chatten, wenn uns langweilig ist, oder treffen Verabredungen. Natürlich bietet Facebook einen unkomplizierten Weg, den Freundeskreis über neue Entwicklungen im eigenen Leben zu informieren. Vorbei sind die Zeiten, in denen man Fotos des neu geborenen Nachwuchses per Post an Freunde und Verwandte schickte. Nun kann man Bilder mit ein paar Klicks bei Facebook hochladen und sie für alle sichtbar machen. Und sich dann freuen, wie vielen Menschen Mia oder Maximilian gefällt.

Zum losen Kontakthalten ist Facebook wirklich praktisch. Aber wirkliche Freundschaften wollen auch offline gepflegt werden. Gute Freunde freuen sich über einen Anruf mehr als nur über eine kurze Nachricht auf der Pinnwand. Und Probleme lassen sich bei einem Bier in der Kneipe auch besser besprechen als im Chat bei Facebook. Denn ungeachtet aller Smileys und Emoticons tut es einfach gut, die einfühlsame Miene eines Freundes zu sehen, wenn wir an einer Trennung zu knabbern haben. Wenn Ihr Freund also demnächst auf Facebook bekannt gibt, dass er einen neuen Job hat, so greifen Sie zum Handy oder Telefon und rufen Sie ihn an. Gratulieren Sie ihm persönlich, stellen Sie Fragen und nutzen Sie die Gelegenheit, sich einmal wieder persönlich zu verabreden – zu einem Gespräch unter vier Augen und nicht unter zehn Fingern.

Warum mit 40?

Mit 40 wissen Sie den Wert echter Freundschaften zu schätzen. Sie wissen, dass zu Freundschaft mehr gehört, als gemeinsam den Mathelehrer zu hassen oder denselben Fußballverein gut zu finden. Je älter wir werden, desto schwerer fällt es uns, Freundschaften zu schließen, denn Freundschaften brauchen Zeit, um wachsen zu können – und Zeit hat jemand, der mitten im Berufsleben steht, nur selten. Deshalb ist es wichtig, die Freundschaften zu pflegen, die wir haben. Und dazu gehört auch der persönliche Kontakt, selbst wenn die Freunde mittlerweile in ganz Deutschland verteilt oder gar im Ausland leben.

Im Hotel Mama wohnen

Laut Statistischem Bundesamt lebt jeder 25. Mann über 40 noch bei seinen Eltern – das sind immerhin vier Prozent. Ist doch auch schön dort: Mutti kocht das Lieblingsessen genau so, wie wir es gewohnt sind, sie bügelt unsere Hemden, passt auf, dass im Bad immer genug Klopapier liegt, und den Garten dürfen wir auch mitbenutzen. Außerdem haben wir dann genug Geld für unsere Hobbys, denn das Leben im „Hotel Mama" ist viel billiger als eine Dreizimmerwohnung in München-Schwabing. Ausziehen? Nee, dafür gibt es doch gar keinen Grund! Na ja, in der Arbeit gucken sie vielleicht ein bisschen komisch, wenn wir schimpfen, dass Mama wieder vergessen hat, unsere Brotzeit herzurichten. Und Claudia aus der Lieblingskneipe … eigentlich würden wir die ja schon gerne mal mit nach Hause nehmen, aber wenn Mama das mitkriegt? Ist nicht so schlimm – dann gehen wir eben bei SAT.1 auf „Brautschau im Ausland". In Thailand, da haben sie ja noch ein anderes Verständnis von Familie, da ist es ganz normal, dass mehrere Generationen unter einem Dach wohnen.

Falls Sie zu den vier Prozent der Männer gehören, die so denken und immer noch im „Hotel Mama" wohnen, dann ist Ihr 40. Geburtstag der richtige Moment, um den Immobilienteil der Zeitung aufzuschlagen und sich schleunigst eine eigene Wohnung suchen – dann klappt's vielleicht auch mit der Nachbarin! Eventuell haben Sie aber schon einmal in einer eigenen Wohnung gewohnt, zusammen mit Frau und/oder Kindern, und müssen jetzt nach einer Trennung plötzlich wieder im „Hotel Mama" unterkommen? Das dürfen Sie natürlich gerne, denn es tut gut, sich von Mutti ein bisschen verhätscheln zu lassen. Aber im Online-Immobilienportal schauen Sie trotzdem vorbei, gell?

Warum mit 40?

Gegenfrage: Warum wohnen Sie mit 40 immer noch bei Mama? Nun ist es allerhöchste Zeit, auszuziehen, denn sonst wird das nie mehr was! Wenn Ihre Eltern alt und gebrechlich werden, geht das mit dem Ausziehen nämlich nicht mehr so leicht!

Sich ungesund ernähren

„Jeder vierte Deutsche ist zu dick", meldete das Robert-Koch-Institut im Juni 2012. Zugegeben: Wenn jemand zu dick ist, liegt das nicht nur an falscher Ernährung, sondern auch am Bewegungsmangel. Wir sitzen den ganzen Tag: in der Arbeit, am Computer und vor dem Fernseher. Doch die Ernährung spielt eben auch eine sehr wichtige Rolle: Dass Sie ab jetzt auf gesunde Ernährung achten sollen, heißt nicht, dass Sie nicht ab und zu noch eine Portion Pommes, einen Döner oder ein paar Chips vor dem Fernseher essen dürfen (dazu kommen wir später noch). Nein, hier geht es darum, dass Sie nicht ständig ungesundes Zeug in sich hineinstopfen: also kein Nutellabrot zum Frühstück, nicht mittags zur Dönerbude und abends zu McDonalds und auch keine Alkoholexzesse mehr am Wochenende. Essen Sie regelmäßig Obst und Gemüse – am besten zwei Portionen Obst und drei Portionen Gemüse pro Tag. Entscheiden Sie sich für Milchprodukte und Käsesorten mit niedrigem Fettgehalt und bevorzugen Sie auch bei Fleisch und Wurst magere Sorten. Mindestens einmal pro Woche sollte Fisch auf den Tisch kommen. Hören Sie auf zu essen, wenn Sie satt sind, auch wenn das „All you can eat"-Angebot noch so verlockend ist. Und stellen Sie Ihre Ernährung langfristig um – das ist sinnvoller, als durch eine „Crashdiät" auf die Schnelle ein paar Kilo abzunehmen.

Warum mit 40?

Mit 40 ist Ihr Körper noch ganz gut in Schuss, allerdings plagt Sie jetzt vielleicht schon einmal das eine oder andere Zipperlein. Sie stellen vielleicht auch fest, dass üppige Mahlzeiten nicht mehr durch den Bauch wandern, sondern dort hängen bleiben. Statt eines Waschbrettbauchs haben Sie nun eben einen Waschbärbauch. Damit Ihr Körper weiterhin leistungsfähig bleibt, müssen Sie ihm Energie zuführen, und zwar von der richtigen Sorte. Sie sollten Ihre Ernährung jetzt umstellen, da sich Ihre Ernährungssünden sonst böse rächen.

Beziehungen per SMS beenden

Boris Becker hat es schon erleben müssen, Nadja „Naddel" Abd el Farag und Britney Spears haben es schon getan: Sie teilten ihren gerade noch Liebsten per SMS mit, dass es „aus" ist, oder wurden per Kurznachricht eiskalt abserviert. Was in dieser SMS stand, weiß ich nicht, aber es wird wohl so etwas gewesen sein wie: „Tut mir leid, Schatzi. Das mit uns ist nichts mehr :-((((Es ist aus :-((((Bitte ruf mich nicht mehr an :-((((HDNMGDL Putzi" (Anmerkung: HDNMGDL = Hab dich nicht mehr ganz doll lieb). Und was vielleicht Wochen, Monate oder gar Jahre dauerte, ist nun in 160 Zeichen vorbei.

Gerne würde ich Ihnen jetzt sagen, dass Schlussmachen per SMS schlechter Stil ist. Doch leider befand jüngst die Deutsche Knigge Gesellschaft, dass es in der heutigen Zeit durchaus akzeptabel ist, eine Beziehung per SMS zu beenden. Und angeblich haben drei Millionen Deutsche das auch schon einmal getan. Ich sage es aber trotzdem: Schlussmachen per SMS ist stillos. Denn wenn eine Beziehung länger als nur ein paar Nächte gedauert hat, dann sollte Ihnen die betreffende Dame mehr wert sein als nur eine Kurznachricht, die Sie mal schnell nebenbei getippt haben.

Natürlich kann es sein, dass Ihre frischgebackene Ex unangenehme Fragen stellt, diskutieren will, obwohl es Ihrer Meinung nach nichts mehr zu diskutieren gibt, oder − der Schrecken aller Männer − bittere Tränen vergießt. Doch da müssen Sie durch. Sie haben die Frau gerade eben zurückgewiesen und tief verletzt (auch wenn Sie das vielleicht für gerechtfertigt hielten) – soll sie Ihnen denn etwa um den Hals fallen? Und wenn Sie gerade am Nachdenken sind: Wie würden Sie sich denn fühlen, wenn Sie per SMS eiskalt abserviert würden, ohne irgendeine Chance auf ein persönliches Wort? Eben!

Warum mit 40?

Weil Sie in Ihrem Leben schon einige Trennungen mitgemacht haben und vielleicht auch das eine oder andere Mal recht heftig unter Liebeskummer gelitten haben. Dann wissen Sie, wie weh eine Trennung tun kann, und dass Sie wie ein gefühlskalter Esel dastehen, wenn Sie das per SMS erledigen. Behandeln Sie andere so, wie Sie selbst behandelt werden wollen – und dazu gehört auch, bei einer Trennung wenigstens ein bisschen mitzufühlen.

Etwas tun, von dem Ihnen alle abraten

Finden Sie es eine gute Idee, Ihren Job zu kündigen und nach Feuerland zu fliegen, um endlich mal die Panamericana entlangzufahren? Denken Sie darüber nach, wieder neuen Schwung in Ihr Liebesleben zu bringen – und zwar mit der netten Steffi aus der Marketingabteilung? Und schlagen Ihre Freunde die Hände über dem Kopf zusammen und schreien: „Du spinnst wohl! Mach das bloß nicht!"? Jetzt regt sich natürlich der kleine Trotzkopf in Ihnen und Sie sagen: „Jetzt erst recht!" Und schon sitzen Sie im Flieger nach Buenos Aires oder eng umschlungen mit Steffi auf der Couch. Leider muss ich Ihnen jetzt ein bisschen den Spaß verderben: Ihre Freunde haben in den allermeisten dieser Fälle Recht. Zumindest wenn es echte Freunde sind (Sie wissen schon: die, die es auch außerhalb von Facebook gibt) und diese Freunde Sie gut kennen. Echte Freunde passen nämlich auf, dass wir wegen irgendeiner fixen Idee nicht unser ganzes Leben aufs Spiel setzen. Sie wissen aber auch, was tief in unserem Inneren vor sich geht, und können unterscheiden, ob es sich bei unserem Geistesblitz um eine Schnapsidee handelt oder ob wir wirklich in unserem Leben etwas Grundlegendes ändern müssen. Aber als Faustregel gilt: Wenn Ihnen Ihre engsten Freunde, Ihre Familie und der Kummerkasten-Onkel im „Playboy" von etwas abraten, dann lassen Sie's lieber. Sie wollen nämlich alle nur das Beste für Sie.

Warum mit 40?

Mit 40 sind Sie kein blutiger Anfänger mehr: nicht im Leben, nicht im Job, nicht in Beziehungsdingen. Sie haben sich schon einiges erarbeitet – und haben also auch eine ganze Menge zu verlieren, wenn sich Ihre Idee wirklich als Schnapsidee entpuppen sollte. Und Ihre Partnerin durch eine Zwanzigjährige ersetzen und einen Kredit für einen Porsche aufnehmen können Sie mit 50 immer noch.

Zehn goldene Tipps, um Ihr Leben zu entschleunigen

Die Zeit rast nur so dahin. Haben Sie auch manchmal das Gefühl, dass Ihnen die Zeit davonläuft? Keine Panik: Sie sind erst 40 – die Hälfte Ihres Lebens liegt noch vor Ihnen. Trotzdem sollten Sie Zeit haben, dieses Leben auch zu genießen. Wie Sie Ihr Leben entschleunigen können, verraten Ihnen die folgenden Tipps.

Schalten Sie das Handy auch mal ab

Unsere Angst, etwas zu verpassen, ist groß. Wie froh waren wir, als sich vor ca. 15 Jahren plötzlich jeder ein Handy leisten konnte. Keine wichtigen Anrufe mehr verpassen, hurra! Eine noch bessere Erfindung war das Smartphone: Nun können wir auch unsere E-Mails jederzeit checken, kurz vor Ablauf noch Gebote bei eBay abgeben, auch wenn wir eigentlich mit Freunden in der Kneipe sitzen, und im Konzert mal schnell ein Foto von AC/DC schießen und es sofort bei Facebook einstellen: „Bin grade bei AC/DC. Hammerhart! Rock on!" Doch heute sehen viele Menschen in der ständigen Erreichbarkeit auch Nachteile. Freunde werden nervös, wenn wir auf eine wichtige E-Mail nicht sofort reagieren, der Chef nutzt diese Möglichkeit, um uns auch nach Feierabend noch mit Fragen zu belästigen, und unsere Mutter bekommt eine Panikattacke, wenn wir einmal nicht gleich an unser Handy gehen. Ganz klar: Die ständige Erreichbarkeit verursacht Stress.

Wir können uns nur schlecht konzentrieren, weil wir immer das Handy oder Smartphone im Blick haben – könnte ja sein, dass uns jemand dringend erreichen muss. Doch wenn Sie nicht gerade Arzt im Bereitschaftsdienst sind oder Ihre Frau im neuneinhalbten Monat schwanger ist, müssen Sie nur selten rund um die Uhr verfügbar sein. Schalten Sie also das Gerät einfach einmal ab. Unerreichbar sind Sie deshalb trotzdem nicht: Ihre E-Mails sind auch in zwei Stunden noch da und Ihre Mailbox sorgt dafür, dass Ihnen kein Anruf durch die Lappen geht. Aber Sie können sich zwei Stunden lang ganz auf eine Sache konzentrieren: in Ruhe ein Buch lesen, mit Ihrer Partnerin etwas unternehmen oder sich einfach nur mit einem Menschen unterhalten, ohne dabei ständig auf das Handy schielen zu müssen. Ist doch auch mal wieder schön, oder?

Warum mit 40?

Wenn Sie 40 sind, haben Sie den 20- und 30-Jährigen etwas voraus: Sie können sich noch an eine Zeit erinnern, in der es kein Handy und schon gar kein Smartphone gab. Sie haben damals doch auch ganz gut gelebt, oder? Vielleicht haben Sie manchmal sogar ein bisschen besser gelebt, denn Sie wurden nicht ständig durch das Klingeln oder Piepsen Ihres Handys unterbrochen oder von Ihrer Mutter oder Freundin fernmündlich nach Hause zitiert, wenn es gerade am schönsten mit den Kumpels war. Stellen Sie diesen Zustand wieder her – und genießen Sie die Ruhe.

Suchen Sie einen Ort auf, um nachzudenken

Im Alltag haben wir oft kaum Zeit zum Nachdenken: Job, Freunde, Frau/Freundin und Familie – sie alle beanspruchen unsere Zeit. Zeit, um einmal wirklich alleine zu sein, bleibt da gar nicht mehr. Manche Männer ziehen sich zu diesem Zweck in ihren Hobbykeller zurück, basteln an Modellflugzeugen oder Bomben und werden auch sonst ein wenig sonderlich. Andere Männer wollen gar nicht nachdenken und suchen daher so viel „Action" wie möglich, um nur ja nicht mit sich alleine zu sein. Da wird eine Überstunde nach der anderen geschoben und die Freizeit vollgestopft mit Radfahren, Fitnessstudio, Kneipenbesuchen mit Kumpels, Computerspielen und so weiter. Nachdenken wird so ganz gezielt vermieden. Wenn auch Sie zu diesen Kandidaten gehören, sollten Sie einmal nachdenken (ha, ha), warum Sie nicht über sich nachdenken wollen. Allen anderen sei gesagt: Wenn Sie in Ihrem Alltag keine Zeit haben, um nachzudenken, sollten Sie sich die Zeit dazu schaffen. Dazu müssen Sie nicht auf Zeit in ein Kloster gehen oder sich auf den Jakobsweg begeben (siehe Kapitel 1), oft reicht es schon, sich für eine oder zwei Stunden aus dem Alltag auszuklinken und einen Ort aufzusuchen, an dem Sie ungestört sind und nachdenken können. Das kann bei einem Spaziergang im Wald passieren, auf einer Parkbank oder auch im Hobbykeller, wenn Sie dort nicht durch Modellflugzeuge oder Bomben abgelenkt werden. Diese eine oder zwei Stunden gehören ganz Ihnen selbst und werden Ihnen helfen, zur Ruhe zu kommen. In dieser Zeit zum Nachdenken können Sie auch überlegen, was Sie an Ihrem Leben ändern wollen, um zu entschleunigen.

Warum mit 40?

Nun, mit 40 stehen Sie mitten im Leben. Oft ist es in dieser Phase besonders hektisch. Im Job sind Sie vielleicht die Karriereleiter emporgeklettert oder stehen vor einem wichtigen Schritt in Ihrer Karriere. Ihre Kinder sind noch klein und können und wollen ebenfalls nicht auf den Vater verzichten. Und auch Ihre Partnerin möchte ab und zu noch etwas von Ihnen haben. Nun ist also der Moment gekommen zu überlegen, was Ihnen wirklich wichtig ist im Leben: Wollen Sie lieber mehr Geld verdienen oder nicht vielleicht doch lieber mehr Zeit mit Ihren Lieben verbringen? Sie sind nun noch jung genug, um etwas an Ihrem Leben zu ändern – und um herauszufinden, was Sie wollen, müssen Sie nachdenken: alleine, aber auch mit den anderen Menschen, die Ihre Entscheidungen betreffen. Mit 50 oder 60 Jahren wird es dann von selbst etwas ruhiger in Ihrem Leben: Sie haben sich beruflich etabliert und die Kinder werden auch langsam selbstständig. Also ist jetzt der richtige Zeitpunkt!

Tun Sie einfach einmal nichts

Okay, ich gebe es zu: Viele Menschen können sehr gut einfach einmal nichts tun, ihnen fehlt nur die Zeit dazu. Wieder andere Menschen haben Angst vor dem Nichtstun. Wer Zeit hat, kann nicht glücklich sein, so lautet das Vorurteil, denn er hat keinen Job, keine Familie, keine Freunde, die seine Zeit in Anspruch nehmen. Hand aufs Herz: Können Sie einfach nichts tun? Und mit „nichts tun" meine ich jetzt nicht, sinnlos im Internet zu surfen oder das Auto zu putzen. Ich meine ganz einfach nichts tun: nur dasitzen und die Seele baumeln lassen.

An einem warmen Frühlingstag die Sonne im Garten genießen. Auf der Couch sitzen oder lümmeln und den Gedanken nachhängen. Und im Urlaub nur am Strand liegen und nicht ins Wasser gehen, surfen, paddeln, schnorcheln, tauchen ... Das ist nichts für Männer, meinen Sie? Sie sind ein Mann der Tat und wollen nicht unnütz herumsitzen? Das wissen Sie mittlerweile doch besser! Fangen Sie mit ganz kleinen Zeiteinheiten an, einer Viertelstunde zum Beispiel. Tun Sie in dieser Zeit einfach nichts. Lassen Sie Ihre Gedanken ziehen, kommen Sie zur Ruhe, entschleunigen Sie. Danach können Sie sich wieder in neue Aktivitäten stürzen.

Warum mit 40?

Weil Sie mit 40 normalerweise immer etwas zu tun haben. Meistens sogar eher zu viel. Nun ist also der ideale Zeitpunkt, um einfach einmal bewusst nichts zu tun. Ohne schlechtes Gewissen. Das ist nicht einfach, das weiß ich. Aber es hilft Ihnen dabei, etwas zur Ruhe zu kommen. Sie wollen doch nicht immer mit 180 Sachen durchs Leben rasen, denn sonst rennen Sie an vielen Dingen einfach vorbei! Tun Sie also einmal nichts und genießen Sie die vielen kleinen Dinge am Wegesrand.

Seien Sie nicht überall dabei

Was haben Sie am nächsten Wochenende geplant? Wollen Sie einfach nur in Ruhe zu Hause bleiben und sich von Ihrer anstrengenden Arbeitswoche erholen? Oder ist es vollgestopft mit Terminen und Freizeitaktivitäten? Ich nehme an, es ist eher Letzteres. Am Samstagvormittag werden noch schnell die letzten Wochenendeinkäufe erledigt, und wenn das Wetter schön ist, zieht es Sie danach hinaus ins Grüne. Sie gehen radeln, wandern, und falls es regnet, findet der Sport im Fitnessstudio statt. Abends sind Sie dann mit Freunden zum Fußballgucken in der Kneipe verabredet (blödes Sky!) oder sehen sich den neuesten Blockbuster im Kino an (weg mit den bösen Aliens!). Danach haben Sie eine Einladung zur Neueröffnung eines Clubs bekommen, bei der Sie eigentlich auch noch vorbeischauen wollten. Am Sonntag geht es dann ähnlich weiter: Sie sind mit einem befreundeten Paar zum Brunch verabredet, dann rufen Mutter oder Schwiegermutter an oder vielleicht sehen Sie auch Ihrem Sohnemann beim Kicken zu. Und am Abend steht dann der „Tatort" auf dem Programm. Todmüde fallen Sie am Sonntagabend ins Bett – eigentlich bräuchten Sie jetzt noch mal ein Wochenende, um sich vom Wochenende zu erholen.

Soll ich Ihnen mal etwas verraten? Die Welt geht nicht unter, wenn Sie nicht überall dabei sind! Die Aliens werden auch noch von der Erde vertrieben, wenn Sie den Film in ein paar Monaten auf DVD anschauen. Das neue Frühstückscafé ist auch in einigen Wochen noch da und Mutter oder Schwiegermutter kommen auch ein Wochenende ohne Sie aus. Und wenn der neue Club richtig gut ist, können Sie da auch an einem anderen Samstag hin. Mit 40 wissen Sie: Sie müssen nicht mehr überall dabei sein und sie verpassen gar nichts, wenn Sie einfach einmal zu Hause bleiben. Ein bisschen Zeit für sich und die Lieben ist doch auch schön!

Warum mit 40?

Mit 40 haben Sie genug Partys, Abstürze und ähnliche Katastrophen hinter sich. Egal, wie gut die Party auch war: Am nächsten Morgen geht es Ihnen immer gleich schlecht. Sie wissen, dass es nur wenige Ereignisse gibt, bei denen Sie unbedingt dabei sein müssen: bei der Geburt Ihres Kindes zum Beispiel. Oder auf der Fanmeile, wenn Deutschland Fußballweltmeister wird. Aber bei den allermeisten Ereignissen dürfen Sie fehlen – und verpassen überhaupt nichts. Und Sie starten am Montag dann nicht gleich mit dunklen Augenringen in die neue Woche.

Lernen Sie eine Entspannungsmethode

Ihre Freundin macht Yoga. Ein typischer Frauenkram, so meinen Sie. Mit Sport hat das doch nichts zu tun, man schwitzt ja nicht mal dabei! (Stimmt übrigens gar nicht!) Aber Ihre Partnerin ist trotzdem immer so verdammt entspannt, wenn sie aus der Yogastunde nach Hause kommt. Vielleicht sollten Sie doch mal … „Ach ne, wenn mich da meine Kollegen sehen!", denken Sie. Und wenn ich Ihnen jetzt sage, dass sich „James Bond" Daniel Craig mit Yoga in Form für seine Einsätze im Dienste ihrer Majestät bringt?

Es gibt also durchaus auch Männer, die Yoga machen, und das sind keineswegs alles Weicheier. Wenn Sie aber trotzdem Angst haben, im Yogakurs allein unter Frauen zu sein (warum eigentlich – ist das nicht der Traum eines jeden Mannes?), gibt es auch noch andere Entspannungsmethoden, die Sie lernen können und die ganz und gar nicht unmännlich sind. Bei der Progressiven Muskelentspannung zum Beispiel werden die einzelnen Muskelgruppen abwechselnd angespannt und dann wieder entspannt. Das Wirkungsprinzip ist ein ganz einfaches: Nehmen wir mal an, Sie sind ganz furchtbar gestresst oder haben

Angst. Dann sind auch Ihre Muskeln angespannt, Sie beißen die Zähne zusammen, ballen die Fäuste und so weiter. Der Erfinder der Progressiven Muskelentspannung, Edmund Jacobson, fand heraus, dass so, wie geistige Anspannung zu körperlicher Anspannung führt, umgekehrt auch gezielte körperliche Entspannung zu geistiger Entspannung führt. Und der Mann hat recht! Mit einer Entspannungsmethode (weitere Beispiele sind autogenes Training, Qi Gong oder Tai Chi) können Sie Ihr Leben wunderbar entschleunigen. Das beginnt schon damit, dass Sie die Bewegungen bewusst langsam ausführen. Auch das fällt vielen Menschen in der Hektik des Alltags schon schwer – und auch das bringt Sie schon zur Ruhe.

Warum mit 40?

Wollen Sie noch 25 Jahre lang weiter so durchs Leben hetzen und dann womöglich durch einen Herzinfarkt plötzlich zum Stillstand gezwungen werden? Nun, in der Lebensmitte, ist die richtige Zeit gekommen, um ein wenig Ruhe ins Leben zu bringen. Und falls Sie immer noch finden, dass Yoga unmännlich ist: Googeln Sie mal „Daniel Craig + James Bond + Badehose". Dann sehen Sie, was Yoga alles bewirken kann!

Lernen Sie, Nein zu sagen

Eigentlich ist es ein ganz einfaches Wort, das wir täglich unzählige Male sagen: „Kommst du mit, machen wir eine Kaffeepause?" – „Nein." – „Hast du am Wochenende das Fußballspiel gesehen?" – „Nein." – „Bringst du bitte den Müll runter?" – „Nein." Na, also, es geht doch! Und tatsächlich: Manchmal fällt es uns leicht, Nein zu sagen, doch in vielen Situationen leider auch nicht. Und genau dieses Nicht-Nein-sagen-Können trägt gehörig dazu bei, dass wir unter Stress stehen.

Um Ihr Leben zu entschleunigen, sollten Sie also lernen, Nein zu sagen. Versuchen Sie zuerst einmal herausfinden, in welchen Situationen Sie nicht Nein sagen können und welche Motive dahinterstecken. Ist es vielleicht im Job? Hier trauen wir uns häufig nicht, zusätzliche Aufgaben abzulehnen, weil wir nicht als „faul" gelten wollen und Angst vor einem Jobverlust haben. Vielleicht ist es aber auch eine bestimmte Person, der gegenüber Sie das Wörtchen „Nein" nicht über die Lippen bringen. Der Kollege zum Beispiel, der Ihnen immer geschickt vorjammert, wie viel er doch zu tun hat, und um seine kranke Mutter muss er sich ja auch noch kümmern ... Und schwupp hat er Sie wieder rumgekriegt. Vielleicht haben Sie aber auch seit Ewigkeiten ein Ehrenamt an der Backe, das Sie liebend gerne abgeben würden – nur leider findet sich niemand, der den Job übernimmt?

Egal, welche Gründe dahinterstecken: Üben Sie konsequent, Nein zu sagen, wenn Sie eine bestimmte Aufgabe nicht übernehmen wollen. Eine gute Strategie ist, erst einmal um Bedenkzeit zu bitten und sich nicht überrumpeln zu lassen. Wenn Sie also ein Kollege bittet, eine Aufgabe von ihm zu übernehmen, sagen Sie: „Ich muss erst schauen, was ich sonst noch zu tun habe. Ich gebe dir in fünf Minuten Bescheid." In diesen fünf Minuten können Sie dann Mut sammeln und ganz einfach Nein sagen. Dann werden Sie merken, dass die Welt auch nicht untergeht. Gut kommen Sie an, wenn Sie gleich noch eine Lösung anbieten, zum Beispiel die Aufgabe nicht sofort, aber zumindest am nächsten Tag zu übernehmen oder mitzuhelfen, jemand anderen für diesen Job zu finden.

Warum mit 40?

40 ist ein stressiges Alter: im Job und auch privat. Die Kinder sind noch klein, Ihre Frau/Partnerin will auch noch etwas von Ihnen haben und die Karriereleiter wollen Sie auch noch weiter erklimmen. Da ist es wichtig, dass Sie auf Ihre Kräfte achten und sich nicht zu viel aufhalsen. Machen Sie also Gebrauch von dem kleinen Wort mit der großen Wirkung: Sagen Sie einfach Nein. Oder: Just don't do it!

Finden Sie heraus, wer Ihnen Zeit stiehlt

Ein paar Zeitdiebe hat jeder in seinem Leben: Da ist der Kollege, der ausführlich über seine diversen Zipperlein jammert, obwohl Sie ihm eigentlich nur schnell ein Dokument vorbeibringen wollen. Das ist die Bürokratie in Ihrer Firma, die Sie zwingt, für jeden Vorgang Stapel von Formularen auszufüllen. Und da ist vielleicht auch die Mutter, die sich so freut, endlich mal wieder mit ihrem Sohn zu telefonieren, obwohl der gerade zum Sport will. Wie Sie diesen Zeitdieben begegnen, haben Sie schon erfahren: Sie sagen ab und zu einmal Nein. Doch leider geht das nicht mit allen, denn oft sind wir selbst unsere Zeitdiebe. Zum Beispiel weil wir übertrieben perfektionistisch sind und uns daher bei Aufgaben leicht verzetteln. So dauern Kleinigkeiten, die eigentlich in ein paar Minuten erledigt sein sollten, plötzlich eine Stunde. Legen Sie hier die Messlatte tiefer an: Ihre E-Mail muss nicht nobelpreiswürdig geschrieben sein, sondern nur kurz und knapp eine Information vermitteln.

Warum mit 40?

Natürlich sind Sie mit 40 noch jung, aber – und das werden Sie vermutlich nicht so gerne hören – die Hälfte Ihres Lebens ist auch schon vorbei. Die Zeit, die Sie noch zur Verfügung haben, ist nicht unendlich. Und wollen Sie sich diese Zeit von anderen oder von sich selbst auch noch stehlen lassen? Eben! Versuchen Sie herauszufinden, woran es liegt, dass Sie ständig zu wenig Zeit haben. Sind immer die „anderen" schuld oder tragen Sie vielleicht auch selbst dazu bei? Werden Sie wieder Herr Ihrer Zeit – so entschleunigen Sie Ihr Leben.

Sagen Sie der Aufschieberitis den Kampf an

Manche Menschen laufen nur unter Druck zur Höchstform auf. Da wird tagelang gebummelt und gefaulenzt und dann schieben diese Menschen plötzlich Nachtschichten ein, um ihre Arbeit doch noch fertig zu bekommen. Wenn Sie mit diesem Druck gut umgehen können, dann bitte: Tun Sie sich keinen Zwang an! Doch oft ist es nicht unsere normale Arbeit, die wir endlos aufschieben, sondern es sind die kleinen unangenehmen Dinge, die uns sowieso keinen Spaß machen: die Ablage, die Steuererklärung, das Protokoll der letzten Besprechung … Also schieben Sie diese Dinge eben erst mal auf die lange Bank, bis es dann leider keine kleinen Dinge mehr sind, sondern ein riesiger Berg unerledigter und unangenehmer Aufgaben, für die Sie nun locker ein bis zwei Arbeitstage einkalkulieren müssen.

Damit dieser Berg nicht wieder zu einem Mount Everest wird, erledigen Sie kleine unangenehme Aufgaben am besten sofort. Anstatt die erledigte Korrespondenz zu stapeln, bis der Stapel umkippt, heften Sie die Briefe gleich ab. Bei größeren unangenehmen Aufgaben hilft es, an der eigenen Einstellung gegenüber diesen Aufgaben zu arbeiten. Sagen Sie nicht „Ich muss heute noch die Steuererklärung machen", denn so kommt es in Ihrem Gehirn zu zwei widersprüchlichen Reaktionen: Einerseits will es seine Kräfte für die Steuererklärung mobilisieren, andererseits handelt es unter Zwang und will eigentlich lieber fliehen und sich stattdessen mit dem neuen „Kicker" beschäftigen. Denken Sie also lieber: „Ich will heute noch die Steuererklärung machen" oder „Ich kann heute noch die Steuererklärung machen." So geben Sie Ihrem Gehirn nämlich positive Signale. Und wenn Sie es dann geschafft haben, belohnen Sie sich: Gehen Sie mit Ihrer Partnerin lecker essen oder mit den Kumpels in die Kneipe (und denken Sie an den Bewirtungsbeleg für die nächste Steuererklärung).

Warum mit 40?

Weil Sie mit 40 noch sehr viel Zeit haben, um Dinge vor sich herzuschieben. Und so schieben Sie und schieben Sie und verbringen dann Ihre letzten zwei Arbeitsjahre vor der Rente mit Ihrer Ablage, denn schließlich wollen Sie ja Ihrem Nachfolger kein völlig vermülltes Büro übergeben. Dann doch lieber gleich abheften, oder?

Lernen Sie zu delegieren

Es gibt im Leben nur ein paar Dinge, die wir unbedingt selbst machen müssen: bei der Hochzeit „Ja, ich will" sagen zum Beispiel. Oder bei der Zeugung unserer Kinder die Spermien auf den Weg bringen. Oder das entscheidende Tor bei der Fußball-WM schießen (hey, immer noch nicht ausgeträumt? Bitte gehen Sie zurück in den Abschnitt „Sich einbilden, doch noch mal Rockstar/Fußballer zu werden"). So gut wie alles andere können wir delegieren.

Doch das ist oft leichter gesagt als getan. „Delegieren ist doch nur was für Chefs", denken viele, und tatsächlich: Ihr Kollege schaut Sie wahrscheinlich schräg an, wenn Sie ihn bitten: „Kannst du bitte diese Akten für mich kopieren?" Etwas bessere Karten haben Sie, wenn Sie Ihr Delegieren nicht als zusätzliche Arbeit, sondern als Herausforderung verkaufen. Sagen Sie also zum Kollegen: „Könntest du bitte diese Akten für mich kopieren? Dabei kannst du dich gleich mit diesem Projekt vertraut machen, denn ich möchte dich hier dazuziehen." Ihr Kollege wird sich geschmeichelt fühlen und sich freuen, dass Sie ihm neue Kompetenz und Verantwortung übertragen. Und Sie haben jemanden, der Sie bei Ihrem Projekt unterstützt. Wenn Sie aber Aufgaben abgeben, dann sollten Sie Ihren Mitarbeitern auch vertrauen und nicht jeden Arbeitsschritt vorschreiben oder überprüfen. Denn sonst haben Sie wieder genauso viel Stress wie vorher.

Auch im Privatleben können Sie übrigens hervorragend delegieren: Statt am Samstagvormittag zum Stadtmarkt zu hetzen, können Sie sich die Biokiste nach Hause liefern lassen. Und statt Ihre Partnerin mit Ihren Hemden ans Bügelbrett zu verbannen (geben Sie's zu, Sie bügeln doch nicht selbst!), lassen Sie das die Reinigung erledigen und Sie verbringen einen gemütlichen Abend zu zweit.

Warum mit 40?

In Ihrem Haushalt wächst vermutlich gerade mindestens eine Person heran, an die Sie kleine Jobs hervorragend delegieren können. Richtig: Die Rede ist von Ihren Kindern. Auch sie können schon kleine Aufgaben im Haushalt übernehmen, zum Beispiel die Spülmaschine ein- oder ausräumen, die Wäsche aufhängen oder den Biomüll rausbringen. So haben Sie und Ihre Partnerin kleine Helfer und außerdem wissen Sie ja: Was Hänschen nicht lernt …

Stoppen Sie Störenfriede!

Mein Störenfried Nummer eins heißt Outlook. Ständig teilt er mir mit, dass schon wieder eine E-Mail in meinem Postfach gelandet ist, um die ich mich auf der Stelle jetzt und sofort kümmern soll. Und schon ist es vorbei mit der Konzentration. Das Telefon ist kaum weniger aufdringlich und dann ist da noch dieser Kollege, der allzu gerne auf ein Schwätzchen vorbeikommt. Experten haben herausgefunden, dass es bis zu einer Viertelstunde dauert, bis wir nach der Unterbrechung wieder so weit sind, wie wir vor der Unterbrechung waren – wenn wir in dieser Viertelstunde nicht erneut unterbrochen werden.

Unterbrechungen kosten uns also viel mehr Zeit als die Zeit, die ein Telefonat tatsächlich dauert. Und wir fühlen uns immer gestresster. Um Ihr Leben zu entschleunigen, sollten Sie daher versuchen, diese Unterbrechungen zu reduzieren. Schalten Sie akustische Signale an Ihrem Posteingang ab und nehmen Sie sich vor, nur zu bestimmten Zeiten in Ihre E-Mails zu sehen. Alle zwei Stunden zum Beispiel, wenn Sie ohnehin ein kleines Päuschen brauchen. Müssen Sie hochkonzentriert an einer Sache arbeiten, so fragen Sie einen Kollegen, ob Sie während dieser Zeit Ihr Telefon auf ihn umstellen können – und revanchieren Sie sich zu einem anderen Zeitpunkt dafür. Gegen ungebetene Besucher am Arbeitsplatz hilft auch, die Bürotüre einfach ab und zu geschlossen zu halten. Und wenn der andere dieses Signal partout nicht verstehen will, komplimentieren Sie ihn sanft hinaus: „Ich stehe gerade ein wenig unter Zeitdruck, denn ich muss das unbedingt fertig machen. Können wir uns vielleicht am Nachmittag auf einen Kaffee treffen?"

Auch im Privatleben können Sie Störenfriede aus- und den Anrufbeantworter anschalten. Wenn Sie einen gemütlichen DVD-Abend geplant haben, sehen Sie an der Rufnummernerkennung, wer am Telefon ist – und lassen einfach den Anrufbeantworter rangehen. Gegen den kleinen Störenfried, der dann plötzlich im Schlafanzug in der Wohnzimmertür steht und sagt: „Ich kann nicht schlafen", hilft diese Strategie allerdings nicht. Aber von dem lassen Sie sich doch gerne die Zeit stehlen, oder?

Warum mit 40?

Weil Sie noch viel arbeiten müssen in Ihrem Leben. Und wenn Sie dem Müller jetzt nicht sagen, dass er Ihnen mit seinem ständigen Gequassel auf den Geist geht, dann steht er noch die nächsten 27 Jahre jeden Vormittag bei Ihnen im Büro: „Und dann habe ich da noch so ein komisches Hühnerauge, da ist der ganze Fuß geschwollen. Und wenn man hindrückt, dann schwabbelt es ein bisschen. Aber weh tut es nicht oder kaum. Aber wenn ich die Turnschuhe anhabe …"

Zehn Dinge, die Mann gegessen oder getrunken haben sollte

Vergessen Sie Sterneköche und den Guide Michelin – hier kommt die wahre Liste der Dinge, die ein Mann einmal in seinem Leben essen oder trinken sollte. Und wenn es Ihnen schmeckt, gerne auch öfter!

Einen selbst gefangenen Fisch

Egal, ob Sie zum Lachsfischen nach Norwegen fahren oder im heimischen Weiher die Angelrute ins Wasser baumeln lassen: Der erste selbst gefangene Fisch erfüllt Sie nicht nur mit großem männlichen Stolz, sondern schmeckt auch noch besser als der teuerste Fisch im Nobelrestaurant. Nie werde ich vergessen, wie mein Vater im Schwedenurlaub seinen ersten Hecht aus dem See vor unserem rot-weißen Ferienhaus zog und die geschichtsträchtigen Worte „Gummihandschuhe, Wassereimer, Fotoapparat" in die Wälder Smålands rief. Genauso wenig werde ich vergessen, wie er feierlich den mittlerweile gegrillten Fisch anschnitt und sich jeden Bissen genüsslich auf der Zunge zergehen ließ. Wir Kinder durften leider nur zusehen (von dem armen Fischlein wäre sowieso keine vierköpfige Familie satt geworden).

Das einzige Problem, das ein solcher selbst gefangener Fisch mit sich bringt, ist, dass Sie ihn auch selbst um die Ecke bringen und ausnehmen müssen. Der dringende Wunsch meines

Vaters nach Gummihandschuhen kam also nicht von ungefähr. Doch ansonsten ist der Genuss eines selbst gefangenen Fisches eine Erfahrung, die jeder Mann einmal gemacht haben sollte. Nun sind Sie wirklich Ernährer und Versorger, der das Essen auf den Tisch bringt. Und der angenehme Nebeneffekt: Wer stundenlang mit der Angelrute am Seeufer sitzt, entschleunigt und entspannt dabei gleichzeitig. Trotzdem birgt das Angeln auch Gefahren: Mal ganz abgesehen davon, dass Angelhaken auch im eigenen Rücken landen können, wenn Sie beim Auswerfen zu weit ausholen, sollten Sie besonders vorsichtig sein, wenn Sie in tropischen Gewässern fischen. Falls Sie nämlich rein zufällig einen Kugelfisch aus dem Wasser ziehen, sollten Sie ihn lieber zurückwerfen oder ausstopfen, aber keinesfalls essen, denn es könnte sich sonst um einen wirklich einmaligen Genuss handeln …

Etwas Ekliges

Keine Angst, wir wollen Sie nicht ins „Dschungelcamp" schicken und zum Genuss von Känguruhoden animieren – so was isst schließlich auch in Australien kein Mensch freiwillig. Stattdessen geht es hier um Dinge, die in anderen Ländern als Delikatessen gelten, bei uns aber eher Ekel und Abscheu erwecken. Um in Australien zu bleiben: Die Witchetty-Maden (englisch „witchetty grubs") sind bis zu 7 cm lange Larven von Holzbohrern und können roh oder gegrillt gegessen werden. Da sie sehr eiweißreich sind, waren sie ein wichtiges Nahrungsmittel der australischen Ureinwohner. Sie schmecken ähnlich wie Mandeln, und wenn sie gegrillt werden, wird ihre Haut knusprig wie bei einem Brathähnchen. In China können Sie

Schwalbennestersuppe – eine teure Köstlichkeit aus dem essbaren Speichel eines Vogels namens Weißnestsalangane – verzehren, auf kambodschanischen Märkten verlocken Platten mit frittierten Vogelspinnen und in Afrika kommen Heuschrecken gebraten, geröstet, gekocht oder getrocknet auf den Tisch. Um „eklige" Dinge zu essen, müssen Sie aber keine Fernreise unternehmen. Ein Ausflug zu unseren europäischen Nachbarn reicht schon. Das schottische Nationalgericht zum Beispiel ist Haggis: Schafsinnereien, vermischt mit Hafermehl, Nierenfett und Zwiebeln und gekocht in einem Schafsdarm. In Frankreich finden Sie Schnecken (escargot) oder Froschschenkel (cuisses de grenouille) auf der Speisekarte. Und das Pferdemädchen in Ihrer Frau oder Freundin würde ganz sicher auch vor Pferdefleisch (viande de cheval) zurückschrecken.

Ob Sie den „Genuss" von Maden, Spinnen & Co. als eklig empfinden, hängt größtenteils von Ihrer Einstellung ab. Würde man Ihnen die Augen verbinden und Ihnen nicht sagen, was Sie da essen, dann wäre es vermutlich halb so schlimm.

Ein exotisches Tier

Nein, nein, Sie müssen nicht gegen das Artenschutzgesetz verstoßen und einen der letzten Tiger verspeisen. Für viele Mitteleuropäer gilt ja schon ein Tier als exotisch, das nicht in Massen nur für den Verzehr gezüchtet wird. Ein Wildschwein zum Beispiel. Oder ein Elch. Ein bisschen exotischer wollen wir es aber schon haben. Wie wäre es zum Beispiel mal mit etwas Australischem? Nein, wir meinen jetzt nicht die Witchetty-Maden von eben, sondern etwas typisch Australisches. So australisch, wie es nicht australischer sein kann. Auch nicht Kylie Minogue – wir reden von einem Känguru.

Kängurufleisch ist nämlich sehr gesund, da es nur wenig Fett enthält. Auch werden in Australien keine Kängurus für den Verzehr gezüchtet, sondern sie leben wild in freier Natur. Da sie sich in manchen Gegenden zu einer wahren Landplage entwickelt haben, darf jährlich eine bestimmte Zahl erlegt werden, und deren Fleisch geht hauptsächlich in den Export, vor allem nach Europa. Die Australier selbst stehen dem Kängurufleisch nämlich eher misstrauisch gegenüber. Für sie gilt es als minderwertiges „bush food", von dem sich die ersten Siedler und die Aborigines ernährten. Bei einem kultivierten Aussie (böse Zungen behaupten ja, so etwas gebe es gar nicht) landet dagegen lieber Lamm oder Rindfleisch auf dem Barbecue. Neben den hüpfenden Beuteltieren bietet Australien übrigens noch andere interessante Gaumenfreuden: Krokodil, Emu und Kamelfleisch zum Beispiel. Und wenn Sie jetzt argumentieren, dass Sie keine 1.500 Euro für einen Flug nach Sydney ausgeben wollen, nur um einmal ein Känguru zu probieren, das dann am Ende noch zäh wie Leder schmeckt, dann sei Ihnen gesagt: Australische Pubs und Restaurants gibt es in fast jeder deutschen Großstadt. Die „Outland Bar" in München hat zum Beispiel Känguru, Emu und Krokodil auf der Speisekarte stehen – worauf warten Sie also noch?

Eine extrem scharfe Chilischote

Scharf, schärfer, am schärfsten: Wollen Sie wissen, woran man einen echten Mann erkennt? Daran, dass er eine mega-scharfe Chilischote essen kann, ohne zu explodieren oder einen Herzinfarkt zu bekommen. Scharf ist nicht gleich scharf. Für den einen ist schon ein „mildes" Gericht beim Thailänder zu viel, der andere würzt dagegen seine Currywurst noch nach. Es gibt eine objektive Maßeinheit für Schärfe, die sogenannte Scoville-Skala. In Einheiten von 0 bis 10 wird hier die Schärfe von Chilis & Co. gemessen. Einen Schärfegrad von 0 (mild) hat hier zum Beispiel eine Gemüse- oder Tomatenpaprika, eine Peperoni oder Peperoncini (mild bis mittelscharf) bringt es ebenfalls nur auf den Schärfegrad 1. Die bekannte Jalapeño liegt bei Schärfegrad 6–7 (sehr scharf). Am oberen Ende mit einem Schärfegrad von 10 liegen Habanero, Scotch Bonnet, Datil und Bird Eye. Es kommt jedoch noch schlimmer: Die Scoville-Skala geht zwar nur bis 10, doch es gibt sogar noch Chilischoten, die diese Skala sprengen. So legendär ist ihre Schärfe, dass sie lediglich mit der etwas nebulösen Beschreibung „Schärfegrad über 10" beschrieben werden. Auch „megascharf" oder „Scheiße, was ist das denn für ein Teufelszeug" genannt. Und wie heißt das Teufelszeug? Jaga oder Nolokia zum Beispiel.

Immer wieder gibt es auch Wettbewerbe, die Menschen dazu auffordern, so viele scharfe Chilischoten wie möglich in möglichst kurzer Zeit zu verzehren. Wer die körperlichen Wirkungen von zu scharfem Essen kennt, wird sich dabei eine Frage stellen: Kann man eigentlich auch sterben, wenn man zu viel Chili isst? Hier können wir Sie beruhigen, denn Forschungen haben ergeben, dass ein 80 Kilogramm schwerer Mann etwa zehn Kilogramm frische Habaneros zu sich nehmen müsste, um einen tödlichen Schock zu erleiden – und das dürfte zum Glück niemandem gelingen. Mit anderen Worten: Auf Ihre Gesundheit können Sie sich nicht berufen, wenn Sie sich vor dem Verzehr einer extrem scharfen Chilischote drücken wollen …

Einen Wein, der teurer ist als das Hauptgericht

Es soll Menschen geben, die kaufen ihren Wein ausschließlich bei Aldi. Oder auch an der Tanke um die Ecke. Schlecht muss dieser Wein nicht zwangsweise sein – aber es gibt auch richtig gute Weine. Und vor allem auch teure. Wirft man zum Beispiel einen Blick in den Onlineshop von Feinkost Käfer in München, so findet man dort einen „2010 Gaja & Rey" für schlappe 195 Euro pro 0,75 Liter. Wer lieber Rotwein mag, kann es mit einem 2003 Château Clos Fourtet für 79 Euro probieren.

So tief müssen Sie aber gar nicht in die Tasche greifen – ich will ja nicht, dass Sie sich an Ihrem 40. Geburtstag finanziell ruinieren. Sie sollen nur einmal einen Wein trinken, der mehr kostet als das Hauptgericht. Wenn Sie also bei McDonalds essen, können Sie ruhig weiter die Plörre von der Tanke trinken. Im Restaurant empfehle ich Ihnen zum Beispiel einen 2010er Lugana Cà dei Frati aus Venetien (Weißwein) oder einen 2008er Tempranillo Campo di Dulcinea aus Spanien (Rotwein mit Aromen von Kirschen). Und den schütten Sie dann nicht einfach so hinunter, sondern genießen ihn!

Übrigens: Wein eignet sich auch zur Geldanlage und ist beim Smalltalk sicherlich interessanter als Immobilien oder Gold. Bereits innerhalb eines Jahres kann ein edler Tropfen zehn bis 15 Prozent Rendite bringen. Ein bisschen etwas von Wein verstehen sollten Sie dann aber schon. Geeignet sind hier zum Beispiel junge Weine, am besten Bordeaux, mit einem Kaufpreis von 75 bis 300 Euro. Außerdem sollten Weine für die Kapitalanlage mindestens 80 Punkte von Weinpapst Robert Parker erhalten haben. Sie müssen den wertvollen Rebensaft richtig lagern, damit es nicht zu Qualitätseinbußen kommt: dunkel, bei konstanter Luftfeuchtigkeit und bei etwa zehn Grad Raumtemperatur. Und wenn es Sie nach einem edlen Tropfen gelüstet, dann können Sie diesen Wein natürlich auch trinken.

Bekanntlich hat ja schon Johann Wolfgang von Goethe gesagt: „Das Leben ist zu kurz, um schlechten Wein zu trinken." Und jetzt, mit 40, nachdem Sie ungefähr die Hälfte Ihres Lebens hinter sich haben – wollen Sie die zweite Hälfte etwa auch noch mit schlechtem Wein vergeuden? Irgendwann müssen Sie ja anfangen, die richtig edlen Tropfen zu trinken. Ach ja, und noch was: Wer teuren Wein trinkt, läuft auch nicht Gefahr, zu tief ins Glas zu schauen – hier wägt man sorgfältig ab, ob man sich noch ein Gläschen leisten kann.

Ein selbst gekochtes Gericht

Ich sehe Sie jetzt schon in die Küche laufen und zu „Spaghetti Miracoli" greifen. Aber das zählt nicht! Und auch nicht die Tiefkühlpizza oder alles, was in die Mikrowelle wandert. Nein, ich rede hier vom richtigen Kochen. Dem Kochen, bei dem Sie selbst die Zutaten einkaufen, das Gemüse klein schnippeln, ein paar Töpfe auf den Herd stellen und ein richtiges Mahl zubereiten. Wenn Sie gerade Single sind, dann höre ich schon Ihren Einwand: „Aber für mich allein lohnt sich das doch gar nicht!" Na, hören Sie mal! Sie sind Single – wenn Sie nicht für sich kochen, wer denn dann? Ihr Mutter etwa? Sind Sie sich etwa keine leckere und gesunde (na ja, gesünder als Tiefkühlpizza allemal) Mahlzeit wert?

Anregungen und Tipps bekommen Sie in Kochbüchern. Und da gibt es auch welche für richtig harte Kerle, so wie Sie. Das „Männerkochbuch" von Dr. Oetker zum Beispiel. Und wenn Sie lieber grillen wollen, finden Sie in „Weber's Grillbibel" sicherlich die eine oder andere Idee. Womit wir schon beim nächsten Punkt wären: Noch mehr Spaß macht Kochen, wenn Sie jemanden bekochen. Ihre Partnerin wird Bauklötze staunen, wenn Sie sie mit einer selbst gekochten Mahlzeit verwöhnen. Und auch Ihre Kumpels werden sich freuen, wenn Sie sie zu einem Grillabend einladen, bei dem Sie nicht nur das Fleisch auf den Grill werfen, sondern auch noch die eine oder andere Beilage selbst gemacht haben (die übrigen Beilagen können auch Ihre Kumpels mitbringen).

Auch wenn bei Ihnen normalerweise Ihre Partnerin kocht, kann es übrigens vorkommen, dass Sie einmal selbst am Herd stehen müssen. Weil Ihre Frau krank, hochschwanger oder mit dem Briefträger auf Mallorca ist zum Beispiel. Und dann wollen Sie doch nicht bei Mutti anrufen und fragen: „Kann ich heute zu dir zum Essen kommen?"

Eine mit viel Liebe gekochte Mahlzeit

Schon haben wir einen beinahe mühelosen Übergang zum nächsten Thema. Wenn Sie nämlich für Ihre Partnerin kochen, dann bereiten Sie die Mahlzeit höchstwahrscheinlich mit viel Liebe zu. Oder mit viel Groll, weil Ihre Partnerin Ihnen an den Kopf geknallt hat: „Immer willst du dein blödes Steak! Brat's doch selber, wenn es dir so wichtig ist!" Aber daran wollen wir jetzt erst mal nicht denken.

Vielleicht haben Sie ja schon einmal erlebt, dass jemand ein Essen ganz speziell für Sie gekocht hat. Und ich rede jetzt nicht von Ihrer Mutter, die selbstverständlich Ihre Leibspeise parat hält, wenn Sie sonntags mal vorbeikommen. Ich rede jetzt von einer ganz besonderen Frau. Sie hat zu Ihnen gesagt: „Komm doch am Sonntagabend zu mir zum Essen, ich koche uns etwas Schönes. Was magst du denn besonders gerne?" Und als sie dann bei ihr vor der Tür standen, nervös wie ein kleiner Schuljunge, es aus der Wohnung verführerisch duftete und eine noch verführerische Frau die Tür öffnete – da war es schon um sie geschehen, noch bevor Sie auch nur einen Bissen zu sich genommen hatten. Und als es dann so weit war (das Essen!), waren Sie überzeugt, dass Sie noch nie im Leben etwas so Gutes gegessen haben. Prompt haben Sie diese Frau geheiratet oder waren zumindest sehr lange mit ihr zusammen. Liebe geht eben doch durch den Magen!

Diese Erfahrung sollte jeder einmal gemacht haben: egal, ob mit 20, mit 30, mit 40 oder erst mit 50. Denn eine Mahlzeit, die mit Liebe gekocht wurde, schmeckt einfach am allerbesten. Da spielt es keine Rolle, ob es sich bei dieser Mahlzeit um Spaghetti Miracoli oder ein Drei-Gänge-Menü nach Alfons Schuhbeck handelt. Vielleicht kann die Liebe Ihres Lebens aber auch nicht kochen? Dann rate ich Ihnen natürlich nicht, sich fremdbekochen zu lassen – aber es gibt ja immer noch Mutti. Und deren Mahlzeiten sind garantiert immer mit viel Liebe zum Sohnemann gekocht.

Kaviar

An Kaviar scheiden sich die Geister. Manche sagen, der schwarze Rogen verschiedener Störarten schmecke nach gar nichts und sei das ganze Tamtam, das um ihn gemacht wird, gar nicht wert. Das sind meistens auch diejenigen, die sich echten Kaviar ohnehin nicht leisten können und daher gar nicht wissen, wovon sie eigentlich reden. Andere wiederum tönen: „Ach, für einen feinen Belugakaviar lasse ich alles liegen und stehen." Was diese Leute eigentlich meinen: „Ich bin stinkreich und kann mir leisten, einen Haufen Kohle für nach nichts schmeckende schwarze Kügelchen auszugeben." Aber so was gehört sich nicht und so singen sie lieber Loblieder auf die Fischeier.

Tatsächlich ist echter Kaviar teuer, sehr teuer. Für eine 50-Gramm-Dose Belugakaviar können schon einmal 150 Euro fällig werden. Das macht einen Kilopreis von stolzen 3.000 Euro. Internetrecherchen ergaben sogar Preise bis zu 7.300 Euro für ein Kilo Belugakaviar. Und jetzt stellen Sie sich mal vor, Sie feiern ein großes Familienfest, zu dem sich die ganze Verwandtschaft inklusive Onkel Horst, der immer das ganze Büfett leer futtert, angesagt hat!

Schlimmer geht's allerdings nimmer, denn der Belugakaviar ist der exklusivste und teuerste unter den Kaviarsorten. Er stammt vom Europäischen Hausen (Huso huso), auch Belugastör genannt, der im Schwarzen und Kaspischen Meer zu Hause ist. Er gilt allerdings als vom Aussterben bedroht, was die Preise für seinen Rogen weiter in die Höhe treiben dürfte. Und die oberen Zehntausend vor das schwierige Problem stellten könnte: „Was soll ich denn jetzt bloß essen? Osietrakaviar etwa? Das billige Zeug gibt's jetzt doch schon für 175 Euro die 125-Gramm-Dose! Da kann ich ja gleich zu Aldi gehen!"

Auf jeden Fall sollten Sie einmal in Ihrem Leben diesen edlen Rogen essen, damit Sie auf die Frage nach Kaviar nicht mehr sagen müssen: „Hab ich noch nie gegessen, kann ich nix zu sagen." Nein, jetzt können Sie endlich mitreden! Wenn Sie zu dem Schluss kommen, dass Kaviar nach gar nichts schmeckt und das ganze Tamtam, das um ihn gemacht wird, gar nicht wert ist, dann wissen Sie wenigstens, wovon Sie reden. Das kann Ihnen niemand mehr nehmen. Und irgendwann können Sie dann mal Ihren Enkeln erzählen: „Mensch, ich hab mal 150 Euro für so blöde Fischeier ausgegeben, die nach gar nichts schmecken. So blöd war ich in meiner Jugend!"

Eine Frucht, die Sie nicht kennen

Gehen Sie doch mal in Berlin in die Lebensmittelabteilung des KaDeWe, in München auf den Viktualienmarkt, in Köln zu Früchte Heep, in Frankfurt in die Kleinmarkthalle oder in Hamburg ins Fruchthaus Tropica. Ganz sicher entdecken Sie dort die eine oder andere Frucht, die Sie noch nie in Ihrem Leben gesehen haben. Und genau von diesen Früchten kaufen Sie jetzt eine. Ja, ja, ich weiß: Das ist nicht politisch korrekt, die Früchte haben eine weite Anreise aus Thailand, Vietnam oder Brasilien hinter sich und belasten die CO_2-Bilanz unseres Planeten erheblich. Aber Sie sollen ja nicht jeden Tag so eine Frucht kaufen, sondern nur einmal.

Von einem guten Händler bekommen Sie vielleicht noch ein Infoblatt mit, das Ihnen sagt, woher Ihre Frucht kommt und vor allem: wie Sie diese Frucht essen. Wie bekommen Sie sie auf? Müssen Sie die Frucht schälen? Sind Kerne drin? Ist irgendwas an der Frucht giftig? Natürlich können Sie Ihren Händler auch fragen oder die Informationen googeln, doch dazu müssen Sie erst mal wissen, wie die Frucht heißt. Früchte, die Ihnen hier begegnen, könnten zum Beispiel sein: Pitahaya (auch Drachenfrucht, Frucht einer Kakteenart, aus Kolumbien, Nicaragua, Vietnam, mit süßem Fruchtfleisch und essbaren Kernen), Mangostane (Thailand, schmeckt wie eine Mischung aus Pfirsich, Weintrauben, Ananas, Aprikose und Orange, enthält viel Vitamin C), Rambutan (Asien, sieht aus wie eine haarige Litschi und schmeckt ähnlich wie Weintrauben) oder Jackfruit (wird in allen tropischen Regionen angebaut, sehr groß). Nur etwas für Mutige ist die Durian, die es allerdings eher selten in europäische Geschäfte schafft. Diese aus Südostasien stammende Frucht wird nämlich aus gutem Grund auch „Stinkfrucht" oder „Käsefrucht" genannt. Ihr Fruchtfleisch schmeckt zwar süß, doch kommen die meisten Europäer nie in diesen Genuss, da ihnen der intensive Geruch (na ja, „Gestank" wäre passender) der Frucht den Appetit verdirbt. Aus diesem Grund darf man in Singapur die Durian nicht mit in die U-Bahn nehmen und auch Hotels ist sie verpönt. Da der Geruch nur sehr schwer wieder zu vertreiben ist, müssen Gäste, die das „No Durian"-Schild ignorieren, ihr Zimmer für eine weitere Woche nach dem Durian-Festmahl bezahlen. Da kann der Preis für eine Durian ja schnell dem Kaviar Konkurrenz machen!

Probieren Sie jetzt eine unbekannte Frucht, denn mit 40 haben Sie noch Mut zum Risiko und trauen sich, etwas zu essen, von dem Sie nicht wissen, wie Sie es essen, wie es schmeckt und was es mit Ihrer Verdauung macht. Und gesund ist es auch noch! Also ran an das Früchtchen!

Absichtlich etwas komplett Ungesundes

Tag für Tag bekommen wir zu hören, dass wir uns komplett ungesund ernähren: Zu süß, zu fett, zu viel – so könnte man unsere Ernährungssünden kurz und knapp zusammenfassen. Mittlerweile wissen wir aber auch, wie wir uns gesund ernähren können, welche Speisen gut für uns sind und welche weniger gut. Und wir versuchen auch, uns ausgewogen und gesund zu ernähren: am Abend eben nur ein Bierchen und nicht zwei oder fünf, in der Kantine nicht immer nur das Fleischgericht, sondern auch mal Gemüse. Und wir betrachten den Salat nicht mehr als Dekoelement, sondern essen ihn mit. Trotzdem haben wir ab und zu einmal Lust auf etwas absolut Ungesundes.

Im Fußballstadion zum Beispiel muss es einfach die Currywurst oder der Hotdog sein. Stellen Sie sich nur mal vor, wie entsetzt Ihr Nachbar in der Fankurve schauen würde, wenn Sie in der Halbzeitpause eine Tupperdose mit Salat oder Obst auspacken würden! Und an manchen Tagen muss es in der Kantine eben unbedingt der Schweinebraten mit Knödel sein, auch wenn Sie genau wissen, dass Sie nach einem so schweren Essen eigentlich reif für den Mittagsschlaf sind. Manchmal können wir auch an McDonalds & Co. einfach nicht vorbeigehen, sondern reihen uns ein zwischen den kreischenden Schülern und ziehen uns mit großem Genuss einen Hamburger rein. Und ich sage jetzt: Machen Sie das! Genießen Sie den Hamburger! Lassen Sie sich Ihre Currywurst schmecken! Und trinken Sie nach dem Schweinebraten einen besonders starken Kaffee, damit Sie in der Besprechung nicht einschlafen!

Ab und zu – aber nur ab und zu – sollten Sie absichtlich etwas komplett Ungesundes essen, und zwar ohne schlechtes Gewissen. Denn wenn Sie etwas selten bekommen, können Sie es umso mehr genießen und sich richtig darauf freuen! Denn mit 40 wissen Sie genau, dass eine Currywurst kein Gericht für jeden Tag ist und können sie deshalb auch richtig genießen. Sie sündigen bewusst und können dann am nächsten Tag wieder vernünftig sein.

Zehn Gründe, warum Mann mit 40 in der Blüte seiner Jahre ist

Sie glauben, Ihre besten Jahre liegen schon hinter Ihnen? Nie mehr werden Sie es so schön haben wie mit 20, 30, 39? So ein Quatsch! 40 ist das neue 30, wenn nicht gar das neue 25! Mit 40 sind Sie überhaupt erst in der Blüte Ihrer Jahre – und ich sage Ihnen jetzt auch, warum.

Die Hälfte des Lebens liegt noch vor Ihnen

Es gibt Menschen, für die ist ein Glas halb voll, und es gibt Menschen, für die ist ein Glas halb leer. Genauso gibt es Menschen, die mit 40 anfangen zu jammern: „Oh Gott, die Hälfte meines Lebens ist schon vorbei!" Und es gibt Leute, die sagen: „Mensch, ich hab doch noch mein halbes Leben vor mir!" Statistisch gesehen werden Männer in Deutschland heute 77 Jahre und sechs Monate alt. Sie haben mit 40 also wirklich fast noch ein halbes Leben vor sich. Und die Chancen stehen gut, dass Sie dieses Alter auch erreichen, denn Ihre jugendliche Leichtsinnsphase haben Sie hinter sich gelassen. Sie wissen jetzt, was gefährlich ist, und vermeiden dieses Verhalten. Na ja, von dem kleinen Bierchen ab und zu mal abgesehen. Aber insgesamt stehen die Chancen nicht schlecht, dass Sie Ihren 77. oder gar Ihren 80. Geburtstag noch erleben werden.

Die mit dem halb leeren Glas jammern jetzt vermutlich weiter: „Aber die schönste Hälfte des Lebens ist doch schon vorbei!

Ich kann mich doch nicht auf das Alter freuen! Überall zwickt es, die Mädels schauen mich auch nicht mehr an und Rente krieg ich sowieso keine!" Denken Sie mal zurück: War Ihre erste Lebenshälfte wirklich immer so toll? An die erste Zeit, in der Sie noch in die Windeln machten, können Sie sich sowieso nicht mehr erinnern. Dann kam die Kindergarten- und Grundschulzeit. Wie oft haben Sie sich da geärgert, wenn es wieder einmal hieß: „Dafür bist du noch zu klein!" oder: „Das verstehst du noch nicht!" Und früh ins Bett wurden Sie auch noch gesteckt. Dann die Pubertät, mit Pickeln, Zahnspange, kiekender Stimme und Haaren, die plötzlich an Stellen wuchsen, die bis dahin noch glatt wie ein Babypopo waren. Und dann der ewige Druck, die richtigen Klamotten zu tragen, die richtige Mucke zu hören, den richtigen Fußballverein gut zu finden, nur damit Sie unbedingt dazugehörten!

In der Ausbildung und während des Studiums war es nicht viel besser. Geld war Mangelware und noch immer galt es, möglichst cool zu sein, damit man auch ja Chancen bei den Mädels hatte. Danach mussten Sie sich beruflich etablieren, es dauerte vielleicht ein wenig, bis Sie den Traumjob gefunden hatten, und die Traumfrau ließ auch auf sich warten. Aber jetzt, mit 40, haben Sie im Job etwas erreicht, haben die Eine für alles gefunden – jetzt geht der Spaß erst richtig los! Die Kinder werden größer und selbstständiger und Sie haben wieder mehr Zeit zu zweit. Und irgendwann einmal werden Sie dann Opa – und haben den unglaublichen Vorteil, dass Sie Ihre Enkel jederzeit wieder abgeben können. Und eines sage ich Ihnen: Sie werden ein echt cooler Opa werden. Wenn Sie ein bisschen auf sich achten, können Sie die kleinen Zipperlein noch ein wenig hinausschieben und für Ihre Rente können Sie auch jetzt schon etwas tun.

Und in der zweiten Lebenshälfte lassen Sie es dann richtig krachen! Denn Sie sind jetzt in der Blüte Ihrer Jahre!

Sie können immer noch zum „Sexiest Man Alive" gewählt werden

Was ich Ihnen jetzt erzähle, wird Ihnen Ihre Frau oder Freundin vielleicht besser beschreiben können als ich. Aber als Autor muss man sich ja in allen Medien auskennen. Das amerikanische Lifestylemagazin (ja, okay, man könnte auch Klatschblatt sagen) „People" wählt jedes Jahr im Herbst unter großem Medienecho den „Sexiest Man Alive". In der Regel werden hier zwar nur berühmte Männer, meistens Schauspieler, gekürt, aber das heißt ja noch gar nichts.

Und wenn Sie sich die Liste derjenigen, denen seit 1985 diese Ehre zuteilwurde, genauer ansehen, dann werden Sie feststellen, dass es überhaupt nicht immer nur die Jungspunde sind, die diesen Titel tragen dürfen. In den letzten 27 Jahren war nämlich nur ein Mann dabei, der die 30 noch nicht überschritten hatte: John F. Kennedy Jr., der 1988 mit 27 Jahren der „Sexiest Man Alive" wurde und heute leider nicht einmal mehr „alive" ist. Elf Preisträger waren zwischen 30 und 40 und immerhin sieben Männer galten auch noch im Alter von 40 bis 50 als besonders sexy. Sie wollen wissen, wer das war? Sagen Ihnen die Namen Richard Gere (1993 mit 44 Jahren), Denzel Washington (1996 mit 41), Pierce Brosnan (2001 mit 48), Johnny Depp (2003 mit 40 und 2009 mit 46), George Clooney (2005 mit 45) und Hugh Jackman (2008 mit 40) etwas? Mit denen können Sie doch locker mithalten, oder? Fragen Sie Ihre Partnerin doch mal, wer ihr lieber wäre: George Clooney, der sie nach spätestens einem

Jahr gegen ein jüngeres Modell eintauscht, oder Sie? Denn für Ihre Partnerin sind Sie ganz sicher der „Sexiest Man Alive", auch wenn Sie dafür nicht den Titel eines — ja, sagen wir es nur — Klatschblattes zieren! Und Sie sind in der Blüte Ihrer Jahre.

Sie sind beruflich etabliert und können nun das Leben genießen

Ich weiß nicht, ob Sie studiert haben oder ob Sie eine Ausbildung gemacht haben. Und ich weiß natürlich auch nicht, welchen Beruf Sie haben. Aber eines weiß ich: Sie sind mit 40 kein Berufsanfänger mehr. Selbst wenn Sie sich im Studium Zeit gelassen haben, haben Sie schon mindestens zehn Berufsjahre hinter sich. Vielleicht haben Sie die Stelle ja auch ein paar Mal gewechselt, weil Sie noch nicht die Position erreicht hatten, die Sie gerne haben wollen. Vielleicht sind Sie ja schon ein paar Sprossen auf der Karriereleiter hinaufgeklettert. Auf jeden Fall sind Sie kein blutiger Anfänger mehr und müssen nicht mehr jeden Tag beweisen, dass Sie Ihrer Aufgabe auch gewachsen sind. Stattdessen haben Sie nun einen gewissen Status erreicht und können auch einmal durchatmen. Ihr Arbeitgeber weiß, wie gut Sie sind und was er an Ihnen hat. Und Sie haben es jetzt immer öfter mit echten „Neulingen" zu tun, die frisch von der Uni oder direkt aus der Ausbildung kommen und die Sie nun erst einmal einarbeiten müssen. Sie dagegen sind schon ein richtiger alter Hase auf Ihrem Arbeitsgebiet.

Das gibt Ihnen eine bestimmte Sicherheit mit, denn Ihre Firma kann es sich nicht so ohne Weiteres leisten, auf einen Mitarbeiter mit Ihrer Erfahrung zu verzichten. Trotzdem sollten Sie deshalb nicht selbstgefällig oder arrogant werden, denn Hochmut kommt bekanntlich vor dem Fall. Freuen Sie sich darüber, was Sie bereits erreicht haben, genießen Sie es. Bleiben Sie aber trotzdem offen für Neues und bilden Sie sich regelmäßig weiter, damit Ihnen niemand Ihre Position so schnell streitig machen kann. Vielleicht streben Sie auch noch eine Führungsposition an – dann ist nun allerdings die Zeit, in der Sie viel Aufmerksamkeit in Ihre Karriere investieren müssen. Machen Sie sich aber auch klar, auf was Sie dafür verzichten müssen – nämlich auf Zeit mit Ihrer Partnerin oder mit Ihren Kindern. Egal, ob Sie noch weiter nach oben streben oder mit der Stelle, die Sie haben, zufrieden sind – eines ist mit 40 klar: Die Zeit des Ausprobierens ist vorbei. Sie wissen, wo Sie hinwollen und wie Sie dort hinkommen. Und Sie wissen, dass Arbeit nicht alles im Leben ist. Ich will Ihnen hier nicht sagen, dass Sie sich nun auf Ihren Lorbeeren ausruhen sollen. Sie sollen nur ab und zu einmal innehalten und das Leben auch genießen. Denn Ihre Tochter wird nur einmal eingeschult und Ihr Sohn freut sich, wenn Sie dabei sind, wenn er das entscheidende Tor schießt. Sie sind 40, Sie müssen sich beruflich nicht mehr jeden Tag aufs Neue beweisen – auch deshalb sind Sie jetzt in der Blüte Ihrer Jahre.

Sie müssen sich und anderen nichts mehr beweisen

So wie Sie sich mit 40 im Job nicht mehr jeden Tag aufs Neue beweisen müssen, so haben Sie sich auch in Ihrem Privatleben etabliert. Ihre Partnerin weiß, was Sie an Ihnen hat, Ihre Kinder wissen, dass Sie immer für sie da sein werden, und auch Ihre Freunde wissen Sie zu schätzen – mit all Ihren Eigenheiten. Diese Menschen nehmen Sie so, wie Sie nun einmal sind (vom einen oder anderen Streit über den hochgeklappten Toilettensitz einmal abgesehen). Sie müssen Ihrer Partnerin nicht mehr jede Woche Blumen schenken – Sie weiß auch so, dass Sie sie lieben. (Aber – so haben mir einige Frauen verraten – über einen gelegentlichen Blumenstrauß, einfach so, ohne speziellen Anlass, wird sie sich trotzdem freuen.) Und auch Ihre Freunde haben gelernt, dass sie sich auf Sie verlassen können, und mögen Sie nicht weniger, wenn Sie einmal nicht als Erster „Hier" rufen, wenn Andreas umzieht und jemanden braucht, der ihm beim Möbelschleppen hilft.

Sie müssen den Menschen in Ihrem Umfeld nichts mehr beweisen, denn Ihre Familie und Ihre Freunde wissen, was sie an Ihnen haben. Und dann gibt es noch einen Menschen, der Sie vielleicht noch viel kritischer beäugt als Ihr gesamter Freundeskreis, Ihre Frau und Ihre Kinder. Wer das sein soll? Nein – es ist nicht der Schwiegervater oder die Schwiegermutter. Es sind Sie selbst. Denn auch wir selbst setzen uns oft gewaltig unter Druck: „Ich muss im Job ganz nach oben kommen, ich muss der beste Liebhaber aller Zeiten sein, der beste Ehemann und Vater sowieso und am Wochenende will ich auch noch den Halbmarathon laufen." So oder so ähnlich sehen unsere Ansprüche an uns selbst in jungen Jahren aus. Und mit 40 müssen Sie eben auch sich selbst nichts mehr beweisen: Sie wissen, was Sie können und was Sie nicht können. Und wenn Ihnen Laufen keinen Spaß macht, dann wissen Sie ganz genau, dass Sie den Halbmarathon am Wochenende eben nicht mitlaufen werden.

Sie müssen sich nichts mehr beweisen, sondern akzeptieren sich so, wie Sie sind. Und andere tun das genauso. Für Sie bedeutet das: Sie müssen Ihre Zeit nun nicht mehr mit sinnlosen Aktionen wie einem 24-Stunden-Trip zum Gardasee verschwenden, nur um aller Welt zu zeigen, was Sie doch für ein cooler Hecht sind, und ja so spontan! „Für eine gute Tasse Cappuccino tu ich eben alles!" – ha, ha. Stattdessen sitzen Sie gemütlich auf Ihrem Balkon, werfen die Espressomaschine an und genießen es, sich jetzt nicht im Stop-and-go-Verkehr über die Alpen quälen zu müssen. Und Ihre Partnerin sitzt glücklich neben Ihnen. Sie sind mit 40 in der Blüte Ihrer Jahre, denn Sie müssen sich und anderen nichts mehr beweisen. Sie sind, wer Sie sind – und das ist gut so.

Sie können immer noch etwas Neues anfangen

Zugegeben: Unsere letzten beiden Punkte haben sich damit beschäftigt, was Sie in Ihrem Leben schon alles erreicht haben. Klar könnten Sie sich nun einfach auf die faule Haut legen und das Leben genießen. Warum auch nicht? Aber vielleicht ist da doch noch etwas anderes. Die Frage: „War das jetzt schon alles?" zum Beispiel. Damit meine ich nicht, dass Sie geradewegs in die Midlife-Crisis hineinschlittern, Ihre Frau gegen ein jüngeres Modell und Ihren Volvo gegen einen Porsche eintauschen sollen. Nein, ich meine, dass Sie mit 40 immer noch jung genug sind, um sich auf etwas ganz Neues einlassen zu können.

Wer bis jetzt ein eher unstetes Leben führte, kann sich jetzt immer noch für eine Familie entscheiden, ohne dass ihn sein Umfeld fragend anschaut: „Was, in deinem Alter?" (Hier haben Sie das Glück, dass Sie keine Frau sind!) Und auch beruflich können Sie noch einmal etwas ganz Neues wagen. Den Sprung in die Selbstständigkeit zum Beispiel. 2011 war der durchschnittliche Existenzgründer in Deutschland 41,5 Jahre alt.

Das ist auch ein gutes Alter, denn nun bringen Sie neben fachlichem Know-how (das man mit 25 Jahren ja durchaus auch schon haben kann) auch genügend Erfahrung mit – nicht nur in Ihrem Job, sondern auch im Umgang mit Kunden, Kollegen, Geschäftspartnern. Und dieses Know-how und diese Erfahrung setzen Sie nun eben nicht mehr zum Profit Ihres Arbeitgebers ein, sondern ganz allein für sich selbst.

Am Anfang bedeutet Selbstständigkeit natürlich sehr viel Arbeit, denn schließlich müssen Sie sich erst einen Namen machen und sich am Markt etablieren. Doch mit 40 sind Sie körperlich und geistig so leistungsfähig, dass Sie das auch schaffen. Wer mit über 40 noch ein Unternehmen gründet, tut das übrigens meistens auch nicht, um der Arbeitslosigkeit zu entfliehen. Vielmehr möchten sich die Existenzgründer einen lang gehegten Wunsch erfüllen oder endlich Ihr eigener Herr werden. Ein Designer, der lange für eine Agentur (wenig Geld, viele Überstunden) gearbeitet hat, kann sich nun selbstständig machen und sein Know-how, das er bei seinem Arbeitgeber erworben hat, nutzen. Er kann sich auf Projekte konzentrieren, die ihm am Herzen liegen, und darf das Geld, das er damit erwirtschaftet, behalten. Mit 40 schaffen Sie den Sprung in die Selbstständigkeit leicht – und viele Kunden beauftragen lieber einen Mann mit Erfahrung auf seinem Fachgebiet als einen Berufsanfänger, der vielleicht billiger ist, dafür aber den einen oder anderen Fehler macht. Die Kunden wissen genau: Mit 40 sind Sie in der Blüte Ihrer Jahre.

Wer jetzt Vater wird, entscheidet sich bewusst für eine Familie

Wenn Sie ein deutscher Durchschnittsmann sind, dann ist Ihr erstes Kind jetzt knapp acht Jahre alt. Väter sind bei der Geburt ihres ersten Nachkömmlings nämlich durchschnittlich 31,19 Jahre alt. Und tatsächlich: Das Alter zwischen 30 und 40 gilt als ideales Alter, um Vater zu werden. Trotzdem gibt es immer mehr späte Väter, die erst mit 40 zum ersten Mal Nachwuchs in die Welt setzen.

Wer in diesem Alter Vater wird, entscheidet sich ganz bewusst für eine Familie. Man könnte auch sagen: Wenn Sie mit 40 noch nicht gelernt haben, was man tun kann, um keine Kinder in die Welt zu setzen, dann haben Sie die zehn unehelichen Kinder, für die Sie nun Unterhalt zahlen müssen, auch verdient. Die Kinder haben solche Väter allerdings nicht verdient. Aber zurück zum Thema: Ihr Kind ist also ein Wunschkind – ganz im Gegensatz zu Kindern, deren Väter bei der Geburt noch unter 25 waren. Von diesen gaben in einer Befragung nämlich drei Viertel an, dass das Kind „nicht gewollt" gewesen sei und „zu früh" kam. Dies ist bei Ihnen nicht der Fall.

Auch wenn Sie mit 40 schon über dem Durchschnittsalter liegen, hat das Vaterwerden in dieser Zeit auch seine Vorteile: Sie sind beruflich etabliert, müssen nicht Ihre ganze Freizeit der Karriere opfern und können sich ein Kind auch finanziell gut leisten. Außerdem haben Sie wohl schon die Frau fürs Leben gefunden, mit der Sie zusammen Kinder haben und großziehen wollen. Und schließlich verfügen Sie nun über viel Lebenserfahrung, die Ihnen Ruhe und Gelassenheit gibt – und das ist beim Umgang mit einem Baby sehr wichtig.

Allerdings hat sich in Ihr Leben nun auch schon viel Routine eingeschlichen, und die wird von einem kleinen Baby erst einmal gehörig durcheinandergewirbelt. Es ist in der nächsten Zeit Schluss mit den Fernreisen in die USA oder nach Thailand, mit den langen Radtouren am Wochenende oder dem gemütlichen Frühstück im Bett am Sonntag. Doch Sie sind mit 40 ja noch jung genug, um etwas Neues anzufangen. Und zahlreiche Prominente machen uns ja auch vor, dass man auch weit jenseits der 40 noch Vater werden kann: Paul McCartney war 59, als seine Tochter Beatrice zur Welt kam, Rod Stewart wurde mit 60 noch einmal Vater und Michael Douglas bekam mit 59 sein letztes Kind. Allerdings ist es bei all diesen prominenten späten Vätern schon die zweite oder dritte Familie, die sie gründen. Eines haben sie jedoch mit Ihnen gemeinsam: Sie haben sich bewusst für diese Kinder entschieden. Sie wollen die Verantwortung für ein neues Leben übernehmen – mit allem, was dazu gehört. Denn Sie sind nun in der Blüte Ihrer Jahre.

Sie wissen, was Sie mögen, und auch, was Sie nicht mögen

Werfen Sie mal einen Blick in Ihren Plattenschrank. Oder in Ihr CD-Regal. Oder meinetwegen auch auf Ihren iPod. Welche Musik ist da drin? Ich möchte wetten, dass da einige Bands dabei sind, die Sie schon sehr lange hören. Man könnte fast sagen, seit Ihrer Jugend. Bands wie U2, Depeche Mode oder R.E.M. zum Beispiel. Und wenn eine dieser Bands heute ein neues Album herausbringt (na ja, R.E.M. nicht – die haben sich 2011 aufgelöst), dann kaufen Sie es eben. Sie wissen nämlich, dass Sie diese Musik mögen und dass diese Bands nicht plötzlich radikal ihren Stil ändern. Denn schließlich sind Bono & Co. auch schon weit über 40 und wissen, was sie mögen und was ihre Fans mögen und vor allem kaufen.

Was ich damit sagen will: Wenn Sie jemand sind, der am liebsten Rock hört, werden Sie jetzt, mit 40, nicht auf einmal anfangen, Hip-Hop zu hören oder Volksmusik oder Techno. Ihr Geschmack hat sich gefestigt und Sie wissen, was Ihnen gefällt. Das muss aber noch lange nicht heißen, dass Sie musikalisch in den 1980ern oder 1990ern stehen geblieben sind. Sie sind durchaus offen für Neues und hören ganz gerne auch neuere Rockbands wie die Kings of Leon oder The Gaslight Anthem. Aber eben nicht Hip-Hop. Oder Volksmusik. Oder Techno.

Ähnlich sieht es beim Essen aus: Wenn Sie zum Beispiel partout nicht gerne scharf essen, werden Sie mit 40 nicht plötzlich begeistert zum Thailänder oder Mexikaner gehen. Sie sind nun in einem Alter, in dem Sie genau wissen, was Sie mögen – und auch, was Sie nicht mögen. Doch deshalb sollten Sie nicht dogmatisch alles Neue oder Unbekannte ablehnen. Bleiben Sie trotzdem offen für Neues, probieren Sie Dinge aus. Wenn Sie danach in Ihrer Meinung bestätigt werden – schön, dann wissen Sie es jetzt. Aber vielleicht erleben Sie ja auch eine angenehme Überraschung und wissen nun, dass Sie bestimmte thailändische Gerichte doch ganz gerne mögen. Auf jeden Fall müssen Sie jetzt nicht mehr mit einer ganzen Menge Stil- oder Musikrichtungen herumexperimentieren, um herauszufinden, wer Sie sind. Mal harter Rocker, mal flippiger Techno-Jünger, mal cooler Hip-Hopper – das ist nun vorbei. Jetzt wissen Sie, was Sie mögen, und können das Beste daraus machen – auch deshalb sind Sie nun in der Blüte Ihrer Jahre.

Sie wissen Ihre Freizeit zu genießen

Die Zeit zwischen 30 und 40 bezeichnen Psychologen als „Rushhour des Lebens". Nun müssen im Job die Weichen gestellt werden, damit der Weg eindeutig in Richtung Karriere geht. Das heißt, Sie müssen sich besonders engagieren und eventuell auch etliche Überstunden machen. Genau in dieser Zeit entschließen sich aber auch viele Paare zu heiraten und eine Familie zu gründen. Eigentlich bräuchten Sie nun mehr Zeit fürs Privatleben, doch Ihr Job fordert genau das Gegenteil von Ihnen. Irgendwie müssen Sie die Bedürfnisse von Familie und Beruf unter einen Hut bringen – und das ist auch für Männer oft nicht leicht.

Mit 40 sieht es dann schon wieder besser aus. Sie sind beruflich einen Schritt nach vorne gekommen und können sich wieder ein wenig mehr aufs Privatleben konzentrieren. In den stressigen letzten Jahren haben Sie gelernt, wie kostbar Freizeit ist, und können sie deshalb nun auch besser genießen. Sie werden sie nicht mehr sinnlos zum Beispiel mit Computerspielen vergeuden, sondern etwas tun, das Ihnen gut tut und das nachwirkt. Zum Beispiel Sport treiben, weil Sie Bewegung als Ausgleich zur Arbeit brauchen. Mit Freunden oder der Familie etwas zusammen unternehmen, in den Zoo gehen, hinaus in den Herbstwald ziehen und Kastanien sammeln oder einfach ein gutes Buch lesen, auf das Sie sich schon lange freuen. Auch die Zeit zu zweit mit Ihrer Partnerin werden Sie nun genießen: wenn die Kinder eine Nacht bei Oma und Opa sind und Sie endlich einmal wieder „nur" ein Paar sind – selbst wenn Sie dann einfach nur gemütlich zusammen auf der Couch liegen und einen Film anschauen. All die kleinen Momente, die sonst im Alltagsstress völlig untergehen, können Sie nun genießen, weil Sie wissen, wie kostbar diese sind. Und soll ich Ihnen noch etwas sagen? Sie haben nun auch genügend Geld, um Ihre Freizeit zu genießen.

Die Zeiten, in denen das Geld zu knapp war, um sich ein schönes Abendessen mit der Frau oder Freundin zu gönnen, sind nun nämlich ebenfalls vorbei. Sie können es sich leisten, mitten in der Woche Überstunden abzubummeln und dann zum Skifahren in die Berge zu fahren. Oder Sie können die Studentin von nebenan bitten, einen Abend auf die Kinder aufzupassen, sodass Sie mit Ihrer Partnerin ins Theater, ins Kino oder ins U2-Konzert gehen können. Erinnern Sie sich noch daran, wie Sie früher immer gesagt haben: „Irgendwann …" Jetzt ist irgendwann, weil Sie mit 40 Ihre Freizeit zu schätzen wissen und die nötigen Mittel haben, um diese auch zu genießen. Auch deshalb sind Sie mit 40 in der Blüte Ihrer Jahre.

Sie können sich (finanziell) Wünsche erfüllen

Sie arbeiten nun ja schon seit einigen Jahren. Jeden Monat geht auf Ihrem Konto eine gewisse Summe ein, die beim einen hoch, beim anderen etwas weniger hoch ist. Vielleicht verdient ja Ihre Partnerin auch und Ihnen stehen zwei Einkommen zur Verfügung. Reicht Ihnen das Geld geradeso bis zum Monatsende? Oder können Sie auch ein bisschen etwas auf die hohe Kante legen? Das gesamte Sparvolumen der Deutschen betrug im Jahr 2011 übrigens 172,6 Milliarden Euro, ungefähr 10,4 Prozent ihres Einkommens legen sie beiseite. Die Menschen sparen aus den unterschiedlichsten Gründen: Manche möchten einfach einen Notgroschen haben, andere dagegen wollen sich einen bestimmten Wunsch erfüllen, zum Beispiel den Traum von den eigenen vier Wänden.

Warum sparen Sie? Träumen auch Sie von einem Häuschen im Grünen oder einer schicken Stadtwohnung? 40 ist ein gutes Alter, um sich den einen oder anderen Wunsch zu erfüllen, auch finanziell. Ein Eigenheim lässt sich nun gut finanzieren: Meist ist ein kleines finanzielles Polster für die Anzahlung da, und ein Kredit ist in diesem Alter in der Regel auch leicht zu bekommen. Jetzt fehlt nur noch ein geeignetes Objekt – und das ist zugegebenermaßen auf dem leer gefegten Immobilienmarkt nur noch schwer zu finden. Aber man kann ja auch noch selber bauen (lassen)!

Vielleicht wollen Sie auch gar kein Eigenheim kaufen, haben eines von Ihren Eltern geerbt oder schon vor Jahren gekauft. Dann geben Sie Ihr Geld vielleicht lieber für Urlaubsreisen aus oder sparen für die Ausbildung der Kinder. Egal, was es bei Ihnen ist: Mit 40 verdienen Sie in der Regel gut genug, um nicht jeden Cent dreimal umdrehen zu müssen. Sie können sich finanziell etwas leisten und den einen oder anderen Traum verwirklichen. Auch deshalb sind Sie nun in der Blüte Ihrer Jahre.

Sie sind immer noch verdammt attraktiv

Eigentlich müsste ich zu diesem Thema gar nichts schreiben. Sie müssten nämlich nur einen Blick in den Spiegel werfen. Aber mein Verlag sagt, es wäre zu teuer, an dieser Stelle einen Spiegel ins Buch zu kleben. Und da Sie ja mein Buch weiterlesen und nicht etwa ins Bad laufen und sich im Spiegel begutachten sollen, schreibe ich jetzt eben etwas. Also: Mit 40 ist man immer noch verdammt attraktiv. Der Körper ist gut in Form, da schwabbelt in der Regel noch nichts. Das Haar ist zwar nicht mehr ganz so üppig wie mit 20, aber noch da.

Außerdem hatten Sie in den letzten 40 Jahren genug Zeit, um herauszufinden, was Ihre guten und was Ihre schlechten Seiten sind. Nun wissen Sie natürlich genau, wie Sie diese geschickt betonen oder noch geschickter von ihnen ablenken.

Schauen Sie sich zum Beispiel mal die Schauspieler Ben Affleck oder Jude Law an: Beide feierten 2012 ihren 40. Geburtstag und sind immer noch verdammt attraktiv. Überhaupt sieht man auf den Kinoleinwänden noch jede Menge Schauspieler, die die 40 schon längst überschritten haben und immer noch wahre Kassenmagneten sind: Brad Pitt, George Clooney und Tom Cruise fallen mir da ein, auch wenn Letzterer in jüngerer Zeit eher durch spektakuläre Scheidungen als durch gute Filme von sich reden macht. Bei den Frauen sieht es da schon ganz anders aus. Wer hier jenseits der 40 ist, wird nicht mehr als sexy Hauptdarstellerin gebucht – es sei denn, sie hat sich mittels Botox locker einmal zehn Jahre wegspritzen lassen.

Männer dagegen sind wie guter Wein: Sie werden mit dem Alter immer besser. Hier beschert Ihnen Ihr Y-Chromosom also einen ganz klaren Vorteil. Ich kann es Ihnen also gar nicht oft genug sagen: Männer mit 40 sind immer noch sehr attraktiv, und zwar nicht nur in Hollywood. Werfen Sie doch jetzt mal einen Blick in den Spiegel! Und wenn Ihnen ab und zu doch Zweifel kommen, ob Sie mit 40 wirklich noch so attraktiv sind wie mit 39, dann lesen Sie einfach das Kapitel „Die zehn besten Tipps für Männer, mit 40 so attraktiv zu wirken wie nie zuvor". Sie haben mit 40 nämlich noch einen weiteren Vorteil auf Ihrer Seite: Sie können sich noch relativ leicht wieder in Form bringen, wenn es doch einmal irgendwo ein bisschen schwabbeln sollte. Auch aus diesem Grund sind Sie mit 40 in der Blüte Ihrer Jahre!

Zehn Menschen, die mit 40 Großes vollbracht haben

Sie denken, nur junge Menschen vollbringen Großes, sind zu sportlichen Höchstleistungen fähig oder machen bahnbrechende Erfindungen? Schließlich gewann Boris Becker mit 17 zum ersten Mal Wimbledon und Steve Jobs war 21, als er in einer Garage sein Unternehmen Apple gründete. Doch es gibt zahlreiche Menschen, die uns zeigen, dass man auch mit 40 durchaus mithalten kann. Beispiele gefällig? Bitte schön!

Pythagoras: $a^2 + b^2 = c^2$ (6. Jh. v. Chr.)

Wissenschaftler und Philosoph, Denker und Trotzkopf: Pythagoras von Samos, zu unseren Schulzeiten gewöhnlich als „einer der ollen Griechen" bezeichnet, war eine außergewöhnliche Persönlichkeit. 40 Lenze zählte der Hochbegabte, als er sich entschloss, seinem Leben einen neuen Kick zu geben. Er kehrte seiner griechischen Heimat den Rücken und wanderte nach Süditalien aus.

Nun mag man einwenden, dies allein sei keine besondere Leistung, doch wenn man bedenkt, dass Pythagoras erst jetzt zur Hochform auflief, relativiert sich diese Einschätzung ganz schnell. Denn im damals griechisch besiedelten Süden des Apennins gründete der religiös motivierte Mathematiker nicht nur eine Schule, sondern erlangte in politischen und ethischen Fragen einen solchen Einfluss auf seine Umgebung, dass dieser noch nach Jahrhunderten spürbar blieb. Nicht schlecht für einen Gastarbeiter, zumal wenn man bedenkt, dass in jenen Jahren das 40. Lebensjahr bereits als „gesegnetes" Alter und unmittelbare Vorstufe zum Greisentum galt …

Jean Dujardin: Oscar für „The Artist" (2012)

Wirft man einen Blick auf die Filme, die auch in Zeiten illegaler Streamings noch die Kinokassen zum Klingeln bringen, so sind das meistens Fortsetzungen erfolgreicher Reihen (2012 zum Beispiel „Ice Age 4", „The Dark Knight Rises", „Madagascar 3" oder „Men in Black 3") oder technisch innovative 3-D-Filme („Avengers", „Merida – Legende der Highlands") oder beides („Ice Age 4 – 3D", „Madagascar 3 – 3D", „Men in Black 3 – 3D"). Doch es gibt immer wieder auch Filme, die einen Schritt zurückwagen und trotzdem das Kinopublikum verzaubern.

Hätte man 2011 die Kinobesucher gefragt, ob sie im nächsten Jahr einen Stummfilm anschauen möchten, so hätten die allermeisten wohl vehement mit „Nein" geantwortet. Trotzdem sahen im Jahr 2012 rund 659 000 Menschen in Deutschland den Film „The Artist", einen Stummfilm, der noch dazu in Schwarz-Weiß-Bildern aufgenommen ist und statt Dialogen Zwischentitel besitzt. Dass der französische Regisseur Michel Hazanavicius diese Erzählweise wählte, hat einen Grund: Seine Tragikomödie spielt nämlich in den Jahren zwischen 1927 und 1932 und erzählt die Geschichte zweier Schauspieler in der Übergangsphase vom Stumm- zum Tonfilm. Das Werk begeisterte nicht nur das Kinopublikum, sondern auch die ehrwürdige Academy of Motion Picture Arts and Sciences, die „The Artist" mit fünf Oscars auszeichnete, darunter die Preise für den besten Film, die beste Regie und den besten Hauptdarsteller: Jean Dujardin.

Und dieser Jean Dujardin wurde 1972 geboren, erhielt seine Auszeichnung also in seinem 40. Lebensjahr. Bis zu diesem Erfolg war der Franzose außerhalb seiner Heimat nahezu unbekannt. Er debütierte zunächst auf kleinen Kabarettbühnen und gewann mit einem Comedy-Ensemble mehrere Preise, bevor er dann in einer Sitcom landete. Die brachte ihm enorme Popularität ein und so dauerte es nicht lange, bis Dujardin auch im Kino zu sehen war – auch hier überwiegend in komischen Rollen. Doch es war seine Rolle als scheiternder Stummfilmdarsteller George Valentin in „The Artist", die ihn auf der ganzen Welt bekannt machte – und ihm die größte Ehre einbrachte, die einem Schauspieler zuteilwerden kann. Sein Oscar öffnete Dujardin die Tür zu einer internationalen Karriere. Auch mit 40 Jahren kann man also noch einmal richtig durchstarten!

Kevin Spacey: Oscar für „American Beauty" (2000)

Und noch ein Schauspieler hat im Alter von 40 Jahren die höchste aller Ehrungen bekommen: Kevin Spacey wurde 2000 für seine Rolle in „American Beauty" als bester Hauptdarsteller ausgezeichnet. Betrachtet man die Liste de Schauspieler, die im Laufe der Jahre und Jahrzehnte diesen Preis bekamen, so fällt auf: Die wenigsten von ihnen waren unter 40. Der jüngste Schauspieler, der je zum besten Hauptdarsteller gekürt wurde, war Adrien Brody, der immerhin auch schon 29 Jahre zählte.

Das scheint auch durchaus einleuchtend, denn ein Schauspieler ist dann gut, wenn man nicht merkt, dass er spielt. Wenn er Gefühle so überzeugend vermittelt, dass man meint, einen „echten" Menschen zu beobachten. Um Gefühle überzeugend vermitteln zu können, muss man sich in diese Situationen hineinversetzen können, diese Gefühle vielleicht schon selbst einmal erfahren haben. Und hier kann ein Vierzigjähriger nun einmal auf einen größeren Erfahrungsschatz zurückgreifen als ein Zwanzigjähriger.

Doch nun zurück zu Kevin Spacey und „American Beauty". Spacey stellt in diesem Regiedebüt von Sam Mendes (der sich dafür auch gleich selbst einen Oscar schnappte) einen Mann namens Lester Burnham dar, der mit seinem Leben in einer amerikanischen Vorstadt unzufrieden ist und mitten in der Midlife-Crisis steckt. Bei einer Sportveranstaltung lernt er Angela, eine Schulfreundin seiner pubertierenden Tochter, kennen und verliebt sich in sie. Er versucht, sein Leben zu verändern, kündigt den verhassten Job und kauft sich sein Traumauto. Doch noch am selben Tag wird Lester von seinem Nachbarn, einem autoritären Militaristen, erschossen, da dieser ihm eine homosexuelle Beziehung zu seinem Sohn unterstellt. Die Rolle brachte Kevin Spacey seinen zweiten Oscar ein – bereits 1996 wurde er für seine Rolle in „Die üblichen Verdächtigen" zum besten Nebendarsteller gekürt.

Geboren wurde Spacey 1959 in South Orange/New Jersey. Nach der Schule versuchte er sich erst als Stand-up-Comedian, bevor er an der Juilliard School in New York Schauspiel studierte. Erste Erfolge feierte er auf den Theaterbühnen, wandte sich dann jedoch zunehmend der großen Leinwand zu. In jüngster Zeit zog es ihn allerdings wieder zurück zu seinen Wurzeln: Seit 2003 ist er künstlerischer Leiter des Old Vic

Theatre in London und steht dort auch immer wieder selbst auf der Bühne. Seine bekannteste Filmrolle übernahm er jedoch im Alter von 40 Jahren – und auch wenn „American Beauty" zeigt, wohin eine Midlife-Crisis führen kann, heißt das noch lange nicht, dass Sie selbst auch in eine solche hineinschlittern müssen. Dafür haben Sie nämlich noch mindestens zehn Jahre Zeit …

James Joyce: Beginn seines Meisterwerks „Finnegan's Wake" (1922)

James Joyce, irischer Schriftsteller, gehört zu den ganz Großen der englischsprachigen Literatur. Trotzdem gibt es wohl nur sehr wenige Menschen, die sein Meisterwerk „Finnegan's Wake" gelesen haben, und noch weniger Menschen, die auch behaupten können, es verstanden zu haben. Doch der Reihe nach: James Joyce wurde 1882 in Dublin geboren. Schon im Alter von 20 Jahren verließ er seine Heimat, lebte mit seiner Frau Nora Barnacle in Triest, Pula, Paris und Zürich, wo er 1941 starb. Während seine Kurzgeschichtensammlung „Dubliner" (1914) und sein autobiografisches „Ein Porträt des Künstlers als junger Mann" (1916) noch verhältnismäßig konventionell und leicht zugänglich waren, beschritt er mit seinem berühmtesten Roman „Ulysses" (1922) neue Wege.

Von Kollegen wie T.S. Elliot oder Ernest Hemingway wurde „Ulysses" als Geniestreich gefeiert. Das beinahe tausend Seiten starke Werk spielt an einem einzigen Tag, dem 16. Juni, in Dublin. Sein wichtigster Beitrag zur Literatur liegt im konsequenten Einsatz des „Stream of Consciousness", des inneren Monologs – einer Art direkten Rede, die aber nicht ausgesprochen wird, sondern die Gedanken einer Person wiedergibt. Im selben Jahr begann Joyce mit „Finnegan's Wake", das ihn die nächsten 17 Jahre beschäftigen sollte. In diesem Roman prägt der Schriftsteller eine eigene Sprache, in der er englische Wörter umbaut, trennt und neu zusammenfügt oder mit Wörtern aus anderen Sprachen mischt. Das zentrale Thema des Romans ist der immer wiederkehrende Fall und Aufstieg der Menschheit, der exemplarisch am Leben des Dubliner Kneipenwirts Humphrey Chimpden Earwicker dargestellt wird. Dieser begegnet uns allerdings in unterschiedlichen Personifizierungen, darunter als Adam, Christus oder der Duke of Wellington – eine durchgängige Handlung gibt es nicht. Stattdessen sind etliche Einzelgeschichten mal mehr, mal weniger miteinander verwoben. In ihnen wimmelt es vor literarischen Anspielungen und Elementen des gesamten westlichen Bildungskanons. Entsprechend schwierig ist die Lektüre des Romans, der Lesern wie Literaturwissenschaftlern viele Rätsel aufgibt.

Dass James Joyces mit „Ulysess" und „Finnegan's Wake" zwei Meisterwerke geschaffen hat, steht außer Frage. Zu Lebzeiten hatte er jedoch wenig davon. Mit seiner Familie lebte er teils in bitterer Armut und auch der Nobelpreis blieb ihm verwehrt. Trotzdem hat er Großes vollbracht – im Alter von 40 Jahren.

Bill Wilson: Gründung der „Anonymen Alkoholiker" (1935)

Sie sind gerade 40 geworden. Sicherlich haben Sie darauf angestoßen: entweder im Kreis der Familie oder mit Kumpels. Vielleicht haben Sie am nächsten Morgen auch festgestellt, dass Sie Alkohol auch schon mal leichter wegstecken konnten als mit

40. Vielleicht war der Kater am nächsten Tag auch so schlimm, dass Sie sich geschworen haben, nie wieder auch nur einen Tropfen Alkohol anzurühren – in den nächsten 24 Stunden zumindest.

Auch wenn Sie an Ihrem Geburtstag ein wenig über die Stränge geschlagen haben: Ein Alkoholiker sind Sie vermutlich nicht. Ganz anders als ca. 2,5 Millionen Menschen in Deutschland, die ein ernsthaftes Alkoholproblem haben. Ihnen kann das Zwölf-Schritte-Programm der Anonymen Alkoholiker helfen, von ihrer Sucht loszukommen. Das wichtigste Element der Therapie sind die Meetings, regelmäßige Treffen der verschiedenen Gruppen, in denen die Teilnehmer von ihren persönlichen Erfahrungen mit dem Alkoholkonsum erzählen. Am Anfang dieses Programms steht als erster Schritt die Einsicht, dass man ein Problem hat und gegenüber diesem Problem so machtlos ist, dass man sein Leben nicht mehr bewältigen kann. Ein wichtiges Element in dem Programm ist der Glaube an eine höhere Macht, die einem helfen kann, die geistige Gesundheit wiederherzustellen. Wegen dieser spirituellen Komponente gerät das Zwölf-Schritte-Programm der Anonymen Alkoholiker allerdings immer wieder in die Kritik.

Erfunden haben es zwei Amerikaner: William Griffith Wilson (auch Bill Wilson oder Bill W.) und Robert Holbrook Smith. Wir wollen uns hier aber auf Mr. Wilson konzentrieren, der 1895 in Vermont geboren wurde und im Alter von 22 Jahren zum Alkoholiker wurde. Während eines Krankenhausaufenthalts regte ihn sein Arzt an, anderen Menschen, die ein Alkoholproblem hatten, zu helfen. Dabei traf Wilson den alkoholkranken Arzt Robert Holbrook Smith, und aus dieser Begegnung entstand nicht nur eine lebenslange Freundschaft, sondern auch eine dauerhafte Alkoholabstinenz beider.

1935 – als Wilson 40 Jahre alt war – traf sich in Akron/Ohio die erste Gruppe der Anonymen Alkoholiker unter der Leitung von Wilson und Smith. 1939 veröffentlichten die beiden ihr Zwölf-Schritte-Programm in einem Buch namens „Alcoholics Anonymous", das der Bewegung ihren Namen gab. Heute gibt es über 100 000 Gruppen in 150 Ländern mit insgesamt rund zwei Millionen Mitgliedern. Dass die Anonymität dabei großgeschrieben wird, zeigt sich auch am Beispiel von Wilson selbst: Erst nach seinem Tod im Jahr 1971 wurde durch seinen Nachruf in der „New York Times" bekannt, dass William Griffith Wilson der legendäre Bill W. war.

Charles Thurber: Erfindung der Schreibmaschine (1843)

Sie sind 40. Sie können sich also noch an eine Zeit erinnern, in der noch nicht in jedem Haushalt mindestens ein Computer stand. Ja, Sie können sich sogar noch daran erinnern, wie Sie zum ersten Mal überhaupt einen Computer benutzt haben. War das in der Schule? Während der Ausbildung? Oder erst, als Sie zu arbeiten begannen?

Wer heute das Tippen auf einem Computer mit Markieren, Löschen und Copy & Paste gewöhnt ist, denkt nur ungern an die gute alte Schreibmaschine zurück. Doch wahrscheinlich haben auch Sie noch das eine oder andere Referat oder Ihre erste Bewerbung auf einer Schreibmaschine getippt. Wenn Sie ein fortschrittliches Modell besaßen, so hatten Sie immerhin eine Löschtaste. Wenn nicht, dann mussten Sie bei jedem Fehler mit Tipp-Ex hantieren – oder gar von vorne anfangen. Ganz toll waren die elektronischen Schreibmaschinen, denn hier konnte man immerhin erst Worte in ein kleines Fenster tippen und sie dann noch einmal korrigieren, bevor sie auf dem Blatt Papier landeten. Eines war jedoch bei fast allen Modellen gleich: Am Ende einer Zeile musste man auf eine Taste drücken, damit die Maschine in die nächste Zeile umschaltete. Wie laut muss es früher in einem Büro gewesen sein, wenn die Tasten der Maschine klapperten!

Vermutlich sind Sie sehr froh, dass Sie heute nicht mehr mit einer Schreibmaschine, womöglich noch einer mechanischen, kämpfen müssen. Doch es gab eine Zeit, da erschien den Menschen diese Vorstufe des Computers als das Nonplusultra, als höchste technische Innovation, die das Schreiben ungemein erleichterte. Und das alles hatten sie einem Mann zu verdanken: dem Amerikaner Charles Thurber (1803–1886). Ob Thurber wahnsinnig viel zu schreiben hatte oder die Nase voll davon hatte, dass sich alle über seine „Sauklaue" beschwerten, ist nicht bekannt. Fest steht nur, dass er 1843 die erste Schreibmaschine erfand und sie auch patentieren ließ. Diese Maschine war sehr einfach, langsam und wurde nie kommerziell in größeren Mengen hergestellt. Doch immerhin gab es andere schlaue Köpfe, die Thurbers Erfindung weiterentwickelten und so den Menschen halfen, Briefe schnell und vor allem leserlich zu schreiben.

Denken Sie an Thurber, wenn Sie morgen einen ganzen Absatz markieren und dann einfach auf „Löschen" klicken. Und denken Sie erst recht an Thurber, wenn Ihr Computer morgen einmal wieder nicht das macht, was Sie von ihm wollen. Charles Thurber hat mit 40 die Schreibmaschine erfunden – worauf warten Sie?

John Glenn: erster Amerikaner, der die Erde umkreiste (1962)

Jetzt geben Sie es ruhig zu: Hat Ihre Partnerin Ihnen schon mal gesagt, dass sie Sie am liebsten auf den Monat schießen würde? John Glenns Frau hat das getan. Na ja, nicht direkt, die NASA hat es für sie übernommen. Und direkt zum Mond war es auch nicht, nur eben ganz weit weg, ins All. Auf jeden Fall wissen Sie, was ich meine. John Glenn umkreiste nämlich 1962 als erster Amerikaner die Erde in einem Raumschiff.

Geboren wurde dieser „Major Tom" im Jahr 1921 und trat mit 22 Jahren, mitten im Zweiten Weltkrieg, dem United States Marine Corps bei. Er diente als Kampfflieger, nicht nur in diesem Krieg, sondern später auch noch im Koreakrieg. Danach blieb er als Testpilot bei den Marines und stellte 1957 einen neuen Geschwindigkeitsrekord auf: Er saß beim ersten Transkontinentalflug in Überschallgeschwindigkeit am Steuer – nur drei Stunden und 23 Minuten benötigte er für die Strecke Los Angeles – New York. Doch Glenn wollte noch höher hinaus, und zwar in jeglichem Sinn: Zwei Jahre später wechselte er den Arbeitgeber und wurde Astronaut bei der NASA. Bei mehreren Flügen stand er als Ersatzpilot zur Verfügung, bevor er am 20. Februar 1962 zu seiner großen Mission aufbrechen sollte: An der Spitze einer Atlas-Rakete startete er von Cape Canaveral in Florida als Pilot zur Mercury-Atlas-6-Mission „Friendship 7". Dabei umkreiste er als erster Amerikaner die Erde, und zwar gleich dreimal.

Wenn Sie sich nun fragen, wie lange Glenn unterwegs war, muss ich Ihnen sagen: nicht all zu lang. Die gesamte Mission dauerte vier Stunden, 55 Minuten und 23 Sekunden. Dieser spektakuläre Flug machte John Glenn zum Idol der amerikanischen Nation. Doch beruflich erwies sich dieser Ruhm eher als Karrierebremse. Präsident John F. Kennedy hatte Angst um das Leben des Raumfahrtstars, der die ganze Nation inspirierte, und ordnete heimlich an, dass Glenn keine weiteren Raumflüge mehr absolvieren durfte. Glenn versuchte sich daraufhin in der Politik und wurde Senator für seinen Heimatstaat Ohio. 1998 kehrte noch einmal ins All zurück: Im Alter von 77 Jahren umrundete er mit der Raumfähre Discovery die Erde 134 Mal und stellte einen weiteren Rekord auf: Er ist der älteste Mensch, der je ins All geschossen wurde. Doch bei dem Ereignis, mit dem er in die Geschichtsbücher einging, zählte er 40 Jahre – er war genau so alt, wie Sie jetzt sind.

Rudyard Kipling: jüngster Literaturnobelpreisträger (1907)

Neben dem Oscar als bester Hauptdarsteller gibt es noch eine zweite Ehrung, die Jungspunden eher nicht zuteilwird: der Nobelpreis. Egal ob Wirtschaft oder Medizin, Physik oder Literatur: Diejenigen, die da alljährlich in Stockholm oder Oslo geehrt werden, befinden sich größtenteils schon in der zweiten Lebenshälfte. Und so gilt jemand, der im Alter von 41 Jahren mit dem Nobelpreis für Literatur ausgezeichnet wurde, bis heute als jüngster Literaturnobelpreisträger aller Zeiten.

„Rudyard wer?", mögen Sie nun vielleicht fragen, Sie Literaturbanause, Sie. Aber wetten, dass Sie alle in Ihrer Kindheit und mit Ihren Kindern das „Dschungelbuch" gesehen haben? Das ist natürlich übelster Disney-Kitsch, beruht jedoch auf einem Roman von Rudyard Kipling (und nein: „Probier's mal mit Gemütlichkeit" wird dort nicht gesungen!). Kipling wurde

1865 in Bombay geboren und war Ende des 19. und Anfang des 20. Jahrhunderts sehr populär. James Joyce, von dem wir hier ebenfalls schon gehört haben, stellte ihn sogar in eine Reihe mit dem großen Tolstoi. Kipling wuchs in Indien auf und betrachtete Englisch zunächst als Fremdsprache, obwohl seine Eltern Engländer waren. Im Alter von fünf Jahren wurde er nach England geschickt und lebte dort bei Pflegeeltern, wie es für Kinder aus den Kolonien zu dieser Zeit üblich war. Diese Zeit in England erschien ihm als Last, und so war er froh, als er im Alter von 16 Jahren nach Indien zurückkehren konnte. Kipling arbeitete dort als Redakteur bei einer Zeitung und begann, Lyrik und Erzählungen zu schreiben. Eine seiner bekanntesten Kurzgeschichten ist „Der Mann, der König sein wollte", die 1975 mit Sean Connery und Michael Caine verfilmt wurde. 1889 kehrte Kipling nach England zurück und ließ sich in London nieder. Später zog er in die USA und begann dort, Kinder- und Jugendbücher zu schreiben, darunter „Das Dschungelbuch" (1894).

Eines seiner bedeutendsten Werke ist der Roman „Kim" von 1901. Kim ist der Sohn eines irischen Soldaten, wächst jedoch als Waisenkind auf den Straßen von Lahore (im heutigen Pakistan) auf. Er wird in eine Spionage- und Kriminalgeschichte verwickelt, die ihn durch große Teile des indischen Subkontinents reisen und die verschiedenen Bräuche dieses vielfältigen Landes erleben lässt. Bis heute gilt dieser Roman – auch in Indien und Pakistan – als eine der besten Darstellungen des kolonialen Indien.

1907 wurde Kipling für sein Werk mit dem Literaturnobelpreis geehrt. Doch im Gegensatz zu anderen Schriftstellern, die durch diese Auszeichnung zum ersten Mal einem großen Publikum bekannt wurden, verhielt es sich mit Kipling genau umgekehrt: Seine Popularität nahm in den Jahren nach dem Ersten Weltkrieg stetig ab, und mit seinen späteren Werken konnte er nicht mehr an seine frühen Erfolge anknüpfen. Kipling starb 1936 an einer Gehirnblutung und sein Werk geriet beinahe in Vergessenheit – bis sich Walt Disney 1967 der Verfilmung des „Dschungelbuchs" annahm.

John F. Kennedy: jüngster gewählter amerikanischer Präsident (1961)

Ein sicheres Anzeichen dafür, dass man nicht mehr der Allerjüngste ist, ist, dass Bundeskanzler, Minister oder amerikanische Präsidenten plötzlich jünger sind als man selbst. So ein junger Hüpfer in so einer verantwortungsvollen Position! Und wir? Sind vom nächsten Schritt auf der Karriereleiter noch meilenweit entfernt! So müssen Millionen Amerikaner (und Menschen auf der ganzen Welt) gedacht haben, als John F. Kennedy (JFK) 1961 im Alter von 44 Jahren ins Weiße Haus einzog. Und trotzdem brachten sie diesem „jungen Hüpfer" so viel Vertrauen entgegen, dass sie ihm die Geschicke ihres Landes anvertrauten. John F. Kennedy war somit der jüngste gewählte Präsident der Vereinigten Staaten (Theodore Roosevelt war bei seinem Amtsantritt 1901 zwar erst 42 Jahre alt, rückte aber nach der Ermordung William McKinleys als Vizepräsident automatisch nach).

Als Präsident für die Demokraten – und übrigens einziger Katholik, der dieses Amt je innehatte – bemühte sich Kennedy, den Kalten Krieg abzubauen. In seine Amtszeit fielen so bedeutende politische Ereignisse wie die Verstärkung des amerikanischen Engagements in Vietnam, die Kubakrise, die Ankündigung der ersten Mondlandung noch vor 1970 und der Bau der Berliner Mauer, der Kennedy zu seinen berühmtesten Worten „Ich bin ein Berliner" inspirierte. Große politische Erfolge konnte er jedoch nicht erzielen.

Sein Privatleben, vor allem seine Ehe mit Jacqueline Bouvier, wurde von den Medien mit großem Interesse verfolgt. Darüber hinaus wurden ihm zahlreiche Affären, darunter mit Marilyn Monroe, nachgesagt. Am 22. November 1963 wurde Kennedy in Dallas bei einer Fahrt in einem offenen Wagen erschossen. Die Hintergründe dieses Attentates sind bis heute nicht klar und die zahlreichen Verschwörungstheorien sind nicht nur Thema etlicher Filme (darunter „JFK – Tatort Dallas" von Oliver Stone von 1991), sondern füllen auch unzählige Bücher. Der Glamour und die Tragik der Familie Kennedy fasziniert bis heute: Auch JFKs Sohn John F. Kennedy jr. starb viel zu jung, im Alter von 39 Jahren, bei einem Flugzeugabsturz.

Und Sie?

Literaturnobelpreisträger, Astronaut, US-Präsident, Oscargewinner: Sie haben nun von allerlei großen Taten gelesen, die Menschen im Alter von 40 oder knapp darüber vollbracht haben. Ganz klar, da kann so ein „Normalo" wie Sie natürlich nicht mithalten. Trotzdem ist das noch lange kein Grund, verzweifelt zu sein. Denn literarische Genies können in Vergessenheit geraten und US-Präsidenten können Attentaten zum Opfer fallen. Da leben Sie schon in erheblich größerer Sicherheit.

Und überhaupt: Auch Sie haben in Ihrem Leben schon einiges erreicht. Sie sind 40 Jahre alt geworden – in Angola oder Sambia, wo die durchschnittliche Lebenserwartung 35 bis 39 Jahre beträgt, ist allein das schon eine beachtliche Leistung. Außerdem haben Sie die Schule abgeschlossen – auch das ist nicht überall auf der Welt eine Selbstverständlichkeit. Sie haben eine Ausbildung, einen Job und sind in der Lage, ihren Lebensunterhalt selbst zu verdienen. Zudem sind Sie vermutlich verheiratet oder leben in einer Partnerschaft und haben vielleicht auch Kinder. Sie haben also die Verantwortung für andere Menschen übernommen, geben ihnen Liebe und werden von ihnen geliebt. Auch danach sehnen sich viele Menschen vergeblich.

Es sind also nicht nur die Nobelpreise und Oscars, auf die es im Leben ankommt. Es ist auch das ganz Alltägliche, die vielen kleinen Dinge, die Sie jeden Tag erreichen und auf die Sie genauso stolz sein können wie auf einen Oscar. Zum Beispiel, dass Sie es schaffen, regelmäßig Sport zu machen und so etwas für Ihre Gesundheit zu tun, auch wenn Sie dabei keinen neuen Weltrekord aufstellen. Fallen Ihnen noch mehr solche Dinge ein? Dann notieren Sie die, die Sie mit 40 erreicht haben oder in den nächsten Jahren erreichen wollen. Auf geht's – worauf warten Sie noch?

Die zehn wichtigsten Regeln für das würdevolle Altern ab 40

Es gibt Menschen, die halten krampfhaft an ihrer Jugend fest und wirken irgendwann einfach nur noch lächerlich. Und es gibt Menschen, die würdevoll altern. Damit Sie nicht in die Gruppe der Berufsjugendlichen fallen, habe ich einige Tipps für Sie zusammengestellt, wie Sie ab 40 souverän älter werden. Obwohl 40 natürlich keinesfalls alt ist! Nein, überhaupt nicht! Im Gegenteil: Sie sind jetzt in der Blüte Ihrer Jahre, wie Sie bereits gesehen haben.

Stehen Sie zu Ihrer Frisur

Es gibt eine ganze Menge Methoden, um zu verschleiern, dass das Haar mit 40 nicht mehr so voll ist wie mit 20. So kann man es zum Beispiel a) gleich komplett abrasieren, ganz nach dem Motto: Ich entscheide selber, wann ich eine Glatze bekomme! Heute ist ein rasierter Kopf auch salonfähig, und wenn Sie dazu nicht gerade Springerstiefel und eine Bomberjacke tragen, landen Sie damit auch nicht in der rechten Schublade, wie das noch vor zwanzig Jahren der Fall gewesen wäre. Man kann aber auch b) das verbliebene Haar seitlich wachsen lassen und es dann über die – sagen wir es ruhig – Glatze kämmen. Im Englischen hat diese „Frisur" sogar einen Namen: Man nennt sie dort „Combover", was nichts anderes heißt als „drüberkämmen". In Deutschland könnte man das auch als „Resthaarverwaltung" bezeichnen.

Falls Sie zu dieser noch immer weitverbreiteten Methode greifen, sind Sie in bester Gesellschaft. Schon der Kaiser Konstantin der Große verschleierte im 4. Jahrhundert so seine kahlen Stellen. Weitere berühmte Combover-Träger sind beziehungsweise waren der englische Fußballer Bobby Charlton, der amerikanische General Douglas MacArthur (und eine GI-Joe-Actionfigur, die nach seinem Vorbild gefertigt wurde), und der amerikanische Unternehmer Donald Trump, bevor er sich für Methode c) entschied: ein Toupet. Dieses Haarersatzteil kaschiert Halb- oder Stirnglatzen und wird/wurde unter anderem von Humphrey Bogart, Julius Cäsar, Sean Connery (nur vor der Kamera) und Frank Sinatra getragen. Und wenn einem dies zu gefährlich ist (man denke nur an die zahlreichen Witze und Slapstick-Momente, die ein Toupet zum Gegenstand haben), kann man immer noch Methode d) wählen: Extensions oder gar eine Haartransplantation. Für diesen Weg entschieden sich unter anderem Elton John, Nicolas Cage, Silvio Berlusconi, Wayne Rooney und Matthew McConaughey und erfreuen sich nun wieder an einer wahren Haarpracht.

Es gibt also eine ganze Menge Methoden, um mal mehr, mal weniger geschickt zu verbergen, dass das Haar auch schon mal voller war. Und das zu sehr unterschiedlichen Preisen: von 0,00 Euro (Combover) bis zu 10.000 Euro (Haartransplantation). Aber mal unter uns gesagt: Sind Sie mit 40 nicht eigentlich so selbstbewusst, dass Sie zu Ihrer Frisur stehen können? Dass Sie sich denken: Okay, ich hab nun mal weniger Haare als mit 20, aber das geht (fast) allen Männern so? Und einfach das Beste daraus machen können? Denn seien wir mal ehrlich: Über Männer mit Combover lacht jeder hinter vorgehaltener Hand. Und wenn Sie von einem Tag auf den anderen mit vollem Haupthaar zur Tür hereinspazieren, weil Sie ein Toupet tragen oder sich einer Haartransplantation unterzogen haben, sorgt das auch für Gekicher.

Volles, dunkles Haar bei Männern ab einem gewissen Alter ist immer suspekt – Ex-Bundeskanzler Schröder kann ein Lied davon singen. Die einzige Lösung, bei der Sie mit Ihrem Haar nicht auch noch Ihr Gesicht verlieren, ist der absichtliche Kahlschlag. Aber der steht auch nicht jedem. Also geben Sie sich mit dem zufrieden, was Sie haben, solange Sie es noch haben, und stehen Sie zu Ihrer Frisur – gerade mit 40.

Kleiden Sie sich anders als Schüler und Studenten

Geht man an einem Samstagnachmittag durch die deutschen Fußgängerzonen und Einkaufszentren, sieht man dort Männer und Jungen aller Altersstufen: von pickeligen Teenagern bis hin zu Männern um die 40, die Kinderwägen schieben oder mit Lena oder Leon an der Hand vor dem Schuhgeschäft auf Mama warten. Was haben diese Jungs und Männer an? Turnschuhe (am besten sogar noch Chucks), Jeans oder Cargohosen und einen Kapuzenpulli. Über die Schulter baumelt eine Umhängetasche: mal aus hipper LKW-Plane, mal aus Leder. Aus einer Entfernung von ungefähr zehn Metern sehen sie alle gleich aus. Erst wenn man näher kommt, kann man anhand vorhandener oder nicht vorhandener Falten und am Volumen der Haare abschätzen, wie alt der Y-Chromosomenträger ungefähr ist.

Natürlich könnte man jetzt behaupten, schuld an dieser Misere sei das Einerlei der deutschen Einkaufslandschaft: Wenn es in der Fußgängerzone nun einmal nur H&M, Esprit und S. Oliver gibt, braucht sich auch niemand wundern, wenn alle dieselben Klamotten tragen. Diese These ist tatsächlich nicht von der Hand zu weisen. Allerdings erfüllt Kleidung ja auch noch einen anderen Zweck, als uns warm zu halten oder sicherzustellen, dass wir nicht wegen Erregung öffentlichen Ärgernisses verhaftet werden. Über unsere Kleidung drücken wir unsere Identität aus. Wer mit bunten Haaren, zerrissenen Jeans und Sicherheitsnadeln in den Ohren herumläuft, signalisiert damit, dass er auf die gesellschaftlichen Konventionen pfeift.

Fette Turnschuhe, eine Hose, deren Schritt in der Kniekehle hängt, und schwere Goldketten identifizieren uns als Gangsterrapper. Und der Kapuzenpulli, die Chucks und die Schultertasche eben als jemanden, der immer noch hip ist und locker mit den Zwanzigjährigen mithalten kann. Deshalb fällt es uns auch so schwer, diese Uniform abzulegen – wie sollen wir denn sonst herumlaufen? Im Anzug? In Hosen, deren Bund wir bis fast unter die Schultern gezogen haben? Da fehlen uns doch noch mindestens 30 Jahre! Aber trotzdem ärgern wir uns, wenn der Opa in der U-Bahn uns unseren Sitzplatz abspenstig machen will, denn die jungen Leute können ja ruhig mal stehen. Dass wir Rücken haben, interessiert den alten Herrn gar nicht!

Möchten Sie wirklich permanent für 20 gehalten werden? Von Menschen geduzt werden, die Sie gar nicht kennen? Bei Saturn gesagt bekommen: „Den Flachbildfernseher können Sie sich noch nicht leisten."? Ich sage ja nicht, dass Sie sich von jetzt an „seriös" kleiden sollen (was immer das auch ist). Ich will Ihnen auch nicht verbieten, bei H&M einzukaufen. Falls Sie kein Rockstar sind, der auch mit 50 noch in hautengen Lederhosen herumlaufen darf, sollten Sie sich langsam ein wenig anders kleiden als Studenten. Dann klappt das auch mit dem Kredit fürs Eigenheim.

Sehen Sie ein, dass 20-jährige Frauen zu jung für Sie sind

Meine Frau hat ein Hobby oder soll ich sagen: eine nervende Eigenschaft? Sie liest am Wochenende in der Zeitung immer zuallererst die Kontaktanzeigen (ja, auch im Zeitalter des Onlinedatings gibt es noch Kontaktanzeigen. Schauen Sie mal am Samstag in Ihre Zeitung!) Und dann regt sie sich immer furchtbar auf über die anspruchsvollen Herren, die hier inserieren. Die meisten haben eines gemeinsam: Sie suchen eine Frau, die 20 Jahre jünger ist als sie selbst. Der 80-Jährige sucht eine 60-Jährige, die ihn pflegen kann. Der 60-Jährige sucht eine 40-Jährige, die aussieht wie 30, um zu zeigen, dass er immer noch ein toller Hecht ist. Und der 40-Jährige sucht eine 20-Jährige, die noch keine finanziellen Ansprüche an ihn stellt („Gib nicht so viel Geld für das neue iPhone aus. Wir müssen für das Reihenhaus sparen!") und auch noch keinen Kinderwunsch hat, denn mit 40 ist man ja noch viel zu unreif für Nachwuchs. Oder der 40-Jährige sucht deshalb eine 20-Jährige, weil seine Ehe gerade gescheitert ist und er seiner Ex beweisen will, dass er sogar eine 20-Jährige haben kann, während sie zu Hause sitzt und keinen Babysitter für Lena und Leon findet.

Der Wissenschaftler in Ihnen hat jetzt bestimmt sofort eine Erklärung parat: Männer sind nun mal darauf programmiert, sich fortzupflanzen, und das geht mit einer 20-Jährigen naturgemäß besser als mit einer 40-Jährigen. Allein die Biologie ist also schuld, dass sie sich altersmäßig nach unten orientieren. Aber wollen Sie das wirklich? Lesen Sie nur mal die folgende Szene durch:

Es ist Donnerstagabend, 19 Uhr. Sie sind gerade von der Arbeit nach Hause gekommen.

Freundin: „Schatz, wollen wir heute noch weggehen? Ich würde gerne in den neuen Club in der Rosenstraße. Der macht aber erst um 22 Uhr auf, vor Mitternacht müssen wir also gar nicht erst hin.“

Sie: „Hm, ich weiß nicht, ich habe morgen um 9:00 Uhr eine Besprechung in der Arbeit. Ist wichtig, da möchte ich nicht total verschlafen aufkreuzen. Aber wir können ja essen gehen. Wie wär's mit Mexikanisch?“

Freundin: „Ja, aber du musst zahlen, mein BAföG ist noch nicht da. Ach ja, und da ist heute 'ne DVD für dich gekommen. Miami Vice – was ist das denn? Habe ich ja noch nie gehört. Kommen da auch Vampire vor?“

Falls Sie mit 40 nicht noch extrem kindisch sind und Ihre 20-jährige Freundin nicht super erwachsen ist, leben Sie in zwei verschiedenen Welten. Ihre Freundin kann mit Sonny Crockett nichts anfangen und kennt David Hasselhoff nur als Witzfigur aus Youtube. Sie dagegen finden „Twilight“ bescheuert und können sich noch bestens an Lady Gagas Großmutter erinnern: Madonna. Ach, wenn sie nur nicht so verdammt sexy wären, die 20-Jährigen!

Bevorzugen Sie beim Weggehen andere Locations als 20-Jährige

Ich erinnere mich mit Grauen an einen kalten Frühlingsabend vor ein paar Jahren. In unserem Freundeskreis hatten wir (na ja, ich gebe zu, es waren unsere Frauen) die glorreiche Idee, wir könnten mal wieder tanzen gehen. Die Mädels strahlten und weil wir Männer ab und zu ganz gerne mal was für unsere Frauen tun, obwohl wir es eigentlich hassen (siehe den Abschnitt „Etwas tun, das man zutiefst hasst, um der Partnerin eine Freude zu machen"), bissen wir eben in den sauren Apfel. Die Babysitter wurden bestellt, die Kleinen ins Bett gebracht, und ein Blick ins Stadtmagazin verriet uns, dass in einem Club, in dem wir schon seit Ewigkeiten nicht mehr waren, eine „80er-Party" gefeiert wurde. „Oh cool, Duran Duran, Boy George, Wham!", riefen unsere Liebsten und wir stöhnten innerlich: „Oh je, Duran Duran, Boy George, Wham!" Und dann zogen wir auch schon los.

Eigentlich hätten wir Verdacht schöpfen müssen, als uns der Türsteher erst etwas komisch ansah, uns dann aber einfach hindurchwinkte. Drinnen waren dann wir diejenigen, die komisch drein blickten: Wir waren ungefähr doppelt so alt wie die anderen Clubbesucher! „Nanu, sind die 80er plötzlich wieder super-hip und wir haben's gar nicht mitgekriegt?", fragten wir uns, bis dann unser Blick auf ein Plakat über der Bar fiel: „Jeden Donnerstag alle Alkoholmixgetränke 1,00 Euro!" Das war also der Grund! Und so versuchten unsere Damen, zwischen hageldichten 20-Jährigen zu tanzen und aufzupassen, dass sie nicht in den Desperados-Pfützen ausrutschten, während wir an der Bar die billigen Getränke in uns hineinschütteten und uns fragten, wie viel wir davon wohl trinken mussten, bis wir die Musik nicht mehr wahrnahmen. Als dann allerdings ein Junge mitten auf der Tanzfläche die Kontrolle über seinen Magen verlor, ergriffen unsere Frauen die Flucht und wir mit ihnen. Der Abend endete bei einem Italiener, der uns auch um Mitternacht noch eine Pizza servierte.

Aber es gab auch noch einen anderen Abend, an den ich mich mit ähnlich viel Grauen erinnere. Wir hatten einen neuen

Kollegen, der gerade frisch von der Uni kam. Oliver saß mit mir in einem Büro und erzählte von einem neuen angesagten Club, in den er jedes Wochenende ging. „Die spielen da echt gute Musik, komm doch mal mit!" Da das ganz gut klang und ich mich schon lange nicht mehr ins Nachtleben gestürzt hatte (wohl traumatisiert von dem „Sauf & 80er"-Event), bat ich am nächsten Freitag um Ausgeherlaubnis und hielt mich dann mühsam bis Mitternacht wach, um mit Oliver besagten Club aufzusuchen. Man ließ mich wieder problemlos ein (im Nachhinein denke ich, dass mich der Türsteher wohl für Olivers Vater gehalten haben muss und vermutlich froh war, dass dieser junge Mann schon mal keinen Ärger machte). Und dann stand ich da: zwischen lauter Jungs, die – ich sage es ungern – meine Söhne hätten sein können. Alle unglaublich cool, in Röhrenjeans, mit Haaren, die ihnen ins Gesicht fielen, und T-Shirts mit Namen von Bands, die ich noch nie gehört habe. Kurz gesagt: Ich fühlte mich, als sei ich als Aufpasser in einem Kindergarten. „Sind ja alle ganz schön jung hier", sagte ich zu Oliver. „Ach, das ist doch egal, da fällst du doch gar nicht auf!", sagte Oliver. Doch das tat ich. Vielleicht lag es an meinen Jeans, die zwar nicht baggy, aber auch nicht knalleng waren. Vielleicht lag es aber auch nur daran, dass ich aussah, als wäre ich am liebsten ganz woanders: friedlich schlafend in meinem Bett, denn es war mittlerweile 1:30 Uhr.

Und genau aus diesen Gründen sollten Sie sich mit 40 nicht mehr in den gleichen Clubs herumtreiben wie 20-Jährige. Wenn nur die 20-jährigen Mädels nicht so scharf wären … ach, Mist, siehe vorheriger Punkt!

Denken Sie finanziell auch mal ans Alter

Wenn wir die Zeitung aufschlagen, dann lesen wir ziemlich schreckliche Dinge über das Alter und unsere Renten. „Immer mehr Rentner leiden unter Altersarmut", heißt es da, „Die staatliche Rente reicht nicht mehr aus" und „Riestern, was das Zeug hält". Sonst können wir im hohen Alter unsere Miete nicht mehr bezahlen und ein Altersheim erst recht nicht. Und wenn uns dann nicht unsere Kinder durchfüttern, wickeln und spazieren fahren, sieht es schlecht mit uns aus. Bisher konnten wir diese Gedanken immer ganz weit wegschieben. „Bis ich mal in Rente gehe, gibt es wahrscheinlich eh schon gar keine Rente mehr", denken wir uns oder: „Wir müssen wahrscheinlich sowieso mal arbeiten, bis wir 80 sind." Wir waren erst einmal damit beschäftigt, einen Job zu finden und uns dann im Job zu etablieren – wer hat da schon Zeit und Lust, an die Rente zu denken? Aber nun, mit 40, wird das langsam anders. Unsere Eltern sind wahrscheinlich schon in Rente oder gehen bald in den Ruhestand und sind beim besten Willen noch keine alten Herrschaften. Plötzlich scheint das Rentenalter näher zu rücken und uns beschleicht eine leise Angst: Wir haben kein Eigenheim und unser Geld reicht immer gerade so bis zum Monatsende. Und dann kommt auch noch der jährliche Brief von der Deutschen Rentenversicherung, der uns sagt, dass unsere Rente einmal unglaubliche 852 Euro betragen wird. Schluck! Das reicht ja gerade mal für die Miete!
Wer würdevoll altern will, sollte finanziell auch einmal an die Zukunft denken. Das heißt nicht, dass Sie jeden übrigen Cent in Ihre Rente investieren sollen und sich nichts mehr gönnen dürfen. Nein, damit meine ich lediglich, dass Sie im Hinterkopf behalten sollen, dass Sie nicht immer arbeiten und Geld

verdienen werden. Sie sollten wissen, wie viel Geld Ihnen im Alter einmal zur Verfügung stehen wird, und sich auch beraten lassen, was Sie tun können, um Ihre Rente ein wenig aufzustocken. Denn eines kann ich alter Spielverderber Ihnen jetzt schon sagen: Das, was Sie vom Staat bekommen, wird Ihnen nicht reichen. Und damit Sie im Alter nicht ganz und gar unwürdig Ihren Kindern auf der Tasche oder auf der Couch liegen, sollten Sie lieber würdevoll Vorkehrungen für die Zukunft treffen. Auch wenn Sie noch mindestens 27 Jahre bis zur Rente haben!

Versöhnen Sie sich mit sich selbst

Jetzt stelle ich Ihnen einmal eine Frage, die Sie sich so vielleicht noch nie so recht gestellt haben: Mögen Sie sich selbst? Wenn Sie jetzt laut „Ja" rufen, dann Glückwunsch! Sie können diesen Punkt überspringen und gleich zum nächsten Punkt weitergehen. Wenn Sie jetzt aber denken: „Hm, ich weiß nicht recht, es gibt ein paar Dinge, die ich an mir mag … Aber es gibt auch ein paar Dinge, die mich an mir stören. Dass ich unpünktlich bin, zum Beispiel. Oder dass ich zu wenig Zeit für meine Familie habe. Dass ich schnell wütend werde und mich dann wirklich zusammenreißen muss, um nicht zu explodieren. Ach ja, und eifersüchtig bin ich manchmal auch, besonders wenn Claudia dauernd von diesem neuen Kollegen erzählt." Als Erstes möchte ich Ihnen gratulieren: Juhu, Sie sind ein Mann! Denn auch wenn wir in seltenen Augenblicken manchmal an uns selbst zweifeln und uns nicht ganz so perfekt fühlen, wie wir nun einmal sind, baden wir uns nicht ständig in Schuldgefühlen und fühlen uns klein, arm, hässlich, dick und ungeliebt und stopfen dann tonnenweise Schokolade in uns hinein. Das überlassen wir den Frauen! Aber manchmal überkommt es uns eben doch und wir gestehen uns ein, dass wir nicht Superman sind.

Zu diesem Punkt möchte ich Ihnen zwei Weisheiten mitgeben, die Ihnen nicht nur mit 40 helfen, sich mit sich selbst zu versöhnen. Die erste ist englisch und heißt: „Leave it, love it or change it" – also „Gib es auf, akzeptiere es oder verändere es". Auf Ihre schlechten Eigenschaften bezogen, könnte man sagen: Sich selbst verlassen können Sie nicht, also akzeptieren Sie die schlechten Eigenschaften oder verändern Sie sie. Und da setzt auch schon die zweite Weisheit an, das Gelassenheitsgebet, dessen Urheberschaft umstritten ist: „Gott, gib mir die Gelassenheit, Dinge hinzunehmen, die ich nicht ändern kann, den Mut, Dinge zu ändern, die ich ändern kann, und die Weisheit, das eine vom anderen zu unterscheiden." Akzeptieren Sie sich so, wie Sie sind, und zwar jetzt, mit 40. Denn Sie müssen noch einmal ungefähr 40 Jahre mit sich leben. Und wie sollen es andere Menschen mit Ihnen aushalten, wenn Sie es selbst nicht mit sich aushalten?

Vielleicht haben Sie einmal einen Fehler in Ihrem Leben gemacht – warum nicht? Sie sind auch nur ein Mensch und irren ist nun einmal menschlich (schon wieder eine Weisheit). Fehler und falsche Entscheidungen gehören zum Leben und sind auch dazu da, um daraus zu lernen. Machen Sie sich keine Gedanken wie „Hätte ich doch …" Sie haben aber nicht und das können Sie jetzt nicht mehr ändern. Machen Sie sich keine Vorwürfe deswegen. Sie wissen, wie gut es tut, sich nach einem Streit wieder zu versöhnen. Versöhnen Sie sich also mit sich selbst (auch wenn der Versöhnungssex zu zweit mehr Spaß macht).

Lösen Sie Probleme ohne die Hilfe anderer

Nun möchte ich Ihnen gerne einige Momentaufnahmen aus Ihrem bisherigen Leben präsentieren:

Sie sind drei Jahre alt und spielen friedlich mit Stefan und Daniela im Sandkasten. Plötzlich nimmt Daniela ihre Schaufel und macht den schönen Sandkuchen platt, den Sie gerade gebacken haben. Sie brüllen los: „Mami, die Daniela ist so gemein zu mir" und heulen Rotz und Wasser. Schon kommt Ihre Mutter angelaufen, nimmt Sie in den Arm, trocknet die Tränen und sagt zu Daniela. „Du, das macht man nicht, der Markus hat sich solche Mühe gegeben."

Elf Jahre später. Sie sind nun 14 und haben allerlei im Kopf: Fußball, Susi aus der Parallelklasse und wie Sie möglichst viel Zeit im verschlossenen Bad verbringen können. Allein. Na, ja, mit dem „Playboy", den Ihnen Stefans großer Bruder organisiert hat. Nur eines haben Sie nicht im Kopf: die binomischen Formeln. Und die Lateinvokabeln. Weshalb nun ein Brief in einem blauen Umschlag vor Ihrem Vater auf dem Küchentisch liegt. „Das ist nur der blöde Maier, der hat mich auf dem Kieker. Ehrlich, ich kann Mathe. Aber der mag mich einfach nicht." Am nächsten Tag marschiert Ihre Mutter zum blöden Maier in die Sprechstunde. Und er gibt Ihnen doch noch einmal eine Chance auf Versetzung in die Neunte.

Wieder sieben Jahre später. Sie sind 21 und studieren in der nächsten größeren Stadt. Ihr ganzer Stolz ist ein uralter Ford Fiesta, den Sie für 1.000 Mark gekauft haben. Und ausgerechnet diesem Fiesta stellt sich beim Ausparken ein Verkehrsschild in den Weg. Wo es so plötzlich hergekommen ist, wissen Sie auch nicht. Und dann ist es auch noch so unverschämt und fällt einfach um, dem Auto hinter Ihnen auf die Motorhaube, die nun eine große Beule ziert. Geschockt schleppen Sie sich zur nächsten Telefonzelle und wählen die vertraute Nummer: „Du, Papa …"

Noch einmal sieben Jahre später. Sie sind 28 und haben richtig fetten Liebeskummer. Sie dachten, Katrin wäre die Frau fürs Leben, denn schließlich waren Sie seit dem Studium zusammen (ihr gehörte das Auto, auf das vor sieben Jahren das Verkehrsschild fiel). Aber jetzt ist alles aus. Sie haben nun zwei Möglichkeiten: Sie können sich auf die Couch mit einem Sixpack setzen und sich die Kante geben. Oder Sie können Ihren Kumpel Stefan anrufen, ihn bitten, noch ein Sixpack mitzubringen, und sich gemeinsam die Kante geben. Und dann ziehen Sie los, Sie reißen eine tolle Frau auf, haben mit Ihr den besten Sex Ihres Lebens und schon ist Katrin vergessen. Also greifen Sie zum Telefonhörer: „Stefan …?"

Erkennen Sie in diesen Szenen ein bestimmtes Muster? Richtig: Sie lösen Probleme mithilfe anderer. Mami, Papi, Stefan und die Blonde mit dem kurzen Rock – sie alle lösen Probleme, die Sie doch eigentlich selbst in den Griff bekommen sollten. Natürlich spricht nichts dagegen, den Rat und das Bier guter Freunde in Anspruch zu nehmen, doch mit 40 sollten Sie langsam in der Lage sein, Probleme selbst in die Hand zu nehmen. Denn es sieht doch wirklich ein bisschen doof aus, wenn Ihre Mutter zu Ihrem Chef sagt: „Jetzt geben Sie dem Jungen doch eine Gehaltserhöhung, sehen Sie denn nicht, wie hart er arbeitet?" Würdevolles Altern geht anders!

Erkennen Sie, wie wichtig es ist, sich nicht zu sehr anzupassen

Fahren Sie einmal morgens um 7:30 Uhr mit öffentlichen Verkehrmitteln. Oder mittags um 13:00 Uhr. Ja, ich weiß, das ist die Zeit des Krötentransports: Die Schüler fahren entweder noch halb verschlafen zur Schule oder sind, nur minimal wacher, auf dem Heimweg. Doch egal, in welchem Zustand sich die Kröten befinden – eines wird Ihnen auffallen: Sie sehen alle gleich aus. Klar ist einer größer, der andere kleiner, manche haben blonde Haare, andere dunkle. Aber sie alle tragen die gleichen Klamotten, haben die gleichen Frisuren und die gleichen Rucksäcke. In der Pubertät geht es noch darum, dazuzugehören und ja nicht aus der Masse herauszustechen. Sonst könnte man ja gemobbt werden und auf Facebook könnten blöde Bilder gepostet werden. Und auch sonst traut man sich nicht aufzufallen: Man findet die gleichen Lehrer doof und steht auf die gleiche Musik. Und wie die Lemminge folgen die Teenies einem vermeintlichen Ideal, das sie dazu treibt, andere zu schikanieren.

Eigentlich müsste man meinen, dieses Lemming-Verhalten habe spätestens mit der Volljährigkeit ein Ende. Beobachtet man aber, was sich vor den Apple-Stores abspielt, wenn ein neues iPhone auf den Markt kommt, merkt man, dass es vielen Männern (und ja – wer da vor dem Apple-Store übernachtet, ist meistens ein Mann) immer noch nur um eines geht: unbedingt dazuzugehören und sofort das neue iPhone zu haben. Wieder passen wir uns der großen Masse an, die entscheidet, was cool ist und was nicht. Aber mal ehrlich: Sie sind nun 40 Jahre alt. Haben Sie noch nicht gemerkt, dass Sie ein Individuum sind? Müssen Sie sich immer noch in der großen Masse verstecken? Und wovor haben Sie Angst? Dass der Kollege auf dem Nachbarbüro sagt: „Bäh, was hast du denn an? Mit dir gehe ich heute nicht in die Mittagspause!"

Haben Sie den Mut, Sie selbst zu sein und sich nicht der Masse anzupassen. Noch mehr als für das äußere Erscheinungsbild gilt das für Ihre Meinungen und Ihre Einstellung. Trauen Sie sich, zu Ihrer Meinung zu stehen, auch wenn Sie damit vielleicht auf Gegenwind stoßen. Seien Sie kein Duckmäuser und schlucken Sie nicht alles hinunter, nur weil Sie Angst haben, für sich einzustehen. Sie müssen nicht immer mit dem Strom schwimmen, auch wenn das die leichtere Möglichkeit ist. Viel wichtiger, als nicht anzuecken, ist, seine Werte zu kennen und genau zu merken, wenn jemand dagegen verstößt oder Sie gezwungen werden, gegen Ihre Werte zu verstoßen. Sie können sich nicht immer verbiegen – das macht auf Dauer unglücklich und krank. Versuchen Sie, etwas an dieser Situation zu ändern, auch wenn das nicht leicht ist. Aber mit 40 haben Sie erkannt, dass es wichtig ist, Sie selbst zu sein und nicht jeden Modetrend mitzumachen oder die Piraten zu wählen, nur weil das gerade in ist. Und das gehört zu einem würdevollen Altern – besonders ab 40!

Geben Sie zu, dass Sie nicht mehr wissen, wer Nummer eins ist

Fangen wir mal mit ein paar Fragen an: Kennen Sie „Heart skips a beat" von Olly Murs feat. Rizzle Kicks? „Don't think about me" von Luca Hänni? Oder „One day/Reckoning song" von Asaf Avidan & the Mojos? Und wie sieht es mit „Go west" von den Pet Shop Boys, „I will always love you" von Whitney Houston oder „I'd do anything for love (but I won't do that)" von Meat Loaf aus? Ich will jetzt nicht anfangen, zu wetten, aber ich bin mir sicher, Sie kennen die drei letztgenannten Lieder und können Sie sogar singen. Nur in der Dusche natürlich, nicht beim Karaoke (siehe Kapitel 3). Bei den drei ersten Liedern sieht das schon anders aus: Luca wer bitte?

Ich will Ihnen sagen, warum ich Ihnen diese Fragen gestellt habe: Bei den ersten drei Liedern handelt es sich um aktuelle Nummer-eins-Hits beim Schreiben dieses Buches, die anderen Lieder waren vor 20 Jahren, 1993, auf dem ersten Platz der Hitparaden. Und wenn ich mit meinen Fragen recht behalten habe, muss ich jetzt gar nicht mehr weiterschreiben, denn Sie sind auf dem besten Weg, würdevoll zu altern. Denn Sie wissen nicht mehr, wer aktuell die Nummer eins der Hitparade ist, und es ist Ihnen auch total egal. Sie hören nämlich ganz andere Musik, und zwar von Bands, die Sie schon lange kennen und die Sie auch in fünf Jahren noch mögen werden. Gewinner irgendwelcher Castingshows gehören da jedenfalls nicht dazu.

Was nicht heißen soll, dass alle aktuelle Musik schlecht ist, ganz im Gegenteil: Gute Musik gibt es immer, und dass Adeles Album 21 in Deutschland sechsfach Platin erhielt, hat die britische Sängerin bestimmt nicht nur Teenagern zu verdanken. Wahrscheinlich haben auch Sie (oder Ihre Frau) diese CD in Ihrem Plattenschrank stehen. Aber da steht sie, weil sie gut ist – und nicht weil sie Nummer eins der Charts war und man sie deshalb automatisch kaufen muss.

Seien Sie auch mal „uncool"

Jahrelang haben wir danach gestrebt, möglichst cool zu sein. Wer cool war, gehörte dazu, hatte viele Freunde und bekam die hübschen Mädels ab. Also haben wir jede Menge Energie und Geld dafür aufgewendet, cool zu sein. Und das sind wir immer noch – glauben wir zumindest. Bis wir dann auf ein Konzert der Fleet Foxes gehen und feststellen, dass alle anderen nicht nur jünger sind, sondern auch anders aussehen. Ohne es zu merken, sind wir plötzlich uncool. Was aber noch schlimmer ist: Es stört uns gar nicht. Wir sehen anders aus – na und? Wer uncool sein kann, ohne dass für ihn die Welt zusammenbricht, oder noch besser: Wer bewusst uncool ist, der altert würdevoll.

Natürlich galt es lange Zeit als uncool, eine Wollmütze auf dem Kopf zu tragen. Doch nun sagen Sie ganz bewusst: „Ist mir egal, ob das cool ist oder nicht: Ich will im Winter keine kalten Ohren bekommen (nun, da mich das Haar nicht mehr ganz so wärmt)." Auch ein Fahrradhelm ist nicht gerade der Mode letzter Schrei. Aber Sie wissen: Es ist nun einmal sicherer. Also kommt das uncoole Teil eben auf den Kopf. Und klar: Ein Porsche ist erheblich cooler als ein Volvo. Aber Ihre Familie passt in den Volvo eben besser rein – also muss es ein uncooles Auto eben auch tun.

Während Sie vor zehn Jahren Ihr überflüssiges Kleingeld in Klamotten, technischen Schnickschnack, CDs oder City-Trips nach London investiert haben, haben Sie mit 40 plötzlich – oh Schreck – eine Lebensversicherung oder einen Bausparvertrag. Wie uncool, wie spießig! Aber Ihnen macht das alles nichts aus. Sie sind nun 40 und Sie wissen: Es gibt weit mehr im Leben, als einfach nur cool zu sein. Und so haben Sie überhaupt kein Problem damit, ab und zu einfach, total und komplett uncool zu sein. Ganz im Gegenteil: Sie finden das richtig gut. Und das ist dann irgendwie schon wieder ziemlich cool.

Die zehn besten Tipps, mit 40 so attraktiv zu wirken wie nie zuvor

Wie Sie jetzt schon auf über 100 Seiten gelesen haben, gehören Sie mit 40 keineswegs zum alten Eisen. Trotzdem werden Sie merken, dass Sie nicht mehr so mühelos einfach gut ausschauen wie noch mit 20 oder 30. Jetzt ist ein bisschen Arbeit nötig, damit Sie mit 40 so attraktiv wirken wie nie zuvor. Dafür habe ich ein paar Tipps für Sie – mal mehr, mal weniger ernst.

Ziehen Sie den Bauch ein

Leider machen sich ab 35 aufwärts unsere kleinen kulinarischen Sünden bemerkbar. Die zwei oder mehr Bierchen am Wochenende in der Kneipe, das Monster-Steak beim Grillabend mit Freunden, der leckere Schweinebraten bei Muttern – sie alle wandern nicht durch unseren Bauch hindurch, sondern bleiben daran hängen. Und schon kneift unsere Jeans und unser Möchtegern-Waschbrettbauch wird zum Waschbärbauch.

Wenn Sie jetzt eine Frau wären, könnten Sie in den nächsten Supermarkt spazieren und sich eine der gefühlt 10 000 Frauenzeitschriften kaufen, die da jede Woche tönen: „Fünf Kilo weniger in drei Tagen", „Die Diätgeheimnisse der Promis" oder „Kohlsuppe – der Schlüssel zum schlanken Glück".

Zugegeben: Das können Sie als Mann zwar auch („Die ist für meine Frau", heißt es dann eben an der Kasse); aber leider wissen Sie genau: Eine Diät ist anstrengend. Sie dürfen wochenlang nur Kohlsuppe essen, müssen in der Kantine an einem Salatblatt herumknabbern und beim Kneipenabend mit den Kumpels zum Wasser ohne Sprudel greifen. Das macht erstens keinen Spaß und zweitens bekommt dann ja auch jeder mit, dass Sie abnehmen wollen. Sie hören schon die Sprüche: „Ja, Dickerchen, lass dir deine Karotte schmecken", oder so Ähnliches bekommen Sie von Kollegen und Freunden zu hören – wenn deren Lachkrampf erst einmal abgeklungen ist. Ich habe aber einen Tipp für Sie, wie Sie Ihre überflüssigen Pfunde ganz leicht und unkompliziert kaschieren können: Ziehen Sie einfach den Bauch ein! Zunächst natürlich, wenn Sie sich in die heiß geliebte Jeans hineinquetschen. Ist der Knopf erst einmal zu, dann atmen Sie ganz, ganz vorsichtig aus. Das ist zwar ein bisschen unbequem, aber Sie müssen das nicht lange aushalten. Wenn Sie sitzen (im Auto, in der Arbeit, in der Kneipe) öffnen Sie den Knopf einfach wieder und können dann normal atmen. Aber Vorsicht: Bevor Sie wieder aufstehen, unbedingt den Knopf wieder schließen – denn wenn Sie eine weit geschnittene Hose tragen, stehen Sie unter Umständen im Freien! Und das wird Ihnen weit mehr Gelächter einbringen, als wenn Sie zugeben, dass Sie abnehmen wollen. Ach ja, noch etwas ganz Wichtiges bei dieser Taktik: Tragen Sie ein weites Oberteil, das über den Hosenbund reicht. Denn sonst sieht die ganze Welt, wie sehr Ihre Jeans in Ihren Bauch einschneidet – und das wollen Sie ja gerade vermeiden.

Auch im Stehen und Gehen können Sie Ihren Bauch flach halten, indem Sie ihn bewusst einziehen und nicht sehr tief atmen. Nur wenn Sie plötzlich schallend lachen, rennen oder etwas hochheben müssen, kann Ihr kleines Täuschungsmanöver auffliegen. Und als kleiner Tipp für Ihre Gesundheit: Ziehen Sie das nicht zu lange durch, sonst kann Sauerstoffmangel entstehen.

Halten Sie sich fit

Sport und Bewegung sind nicht nur wichtig, um möglichst attraktiv zu wirken, sondern auch, um lange gesund zu bleiben. Da viele in ihrem unserem Job die meiste Zeit im Sitzen verbringen und wir den Körper sehr einseitig belasten, können sonst gesundheitliche Beschwerden auftreten. Eine häufige Folge falscher Belastung: Sie bekommen Rücken.

Außerdem kann Bewegungsmangel eine ganze Reihe von Erkrankungen nach sich ziehen – angefangen von Muskelschwund bis hin zu Herz-Kreislauf-Erkrankungen. Nicht zuletzt können Sie durch Bewegung auch Ihren überflüssigen Pfunden zu Leibe rücken, falls Ihnen das Baucheinziehen doch einmal zu blöd wird. So, nun schalte ich meinen Dozentenmodus aus und fasse kurz zusammen: Bewegung ist gesund. Und wer sich fit hält, bleibt außerdem attraktiv fürs andere Geschlecht, womit wir endlich beim Thema wären.

Frauen mögen einen durchtrainierten Körper und gut definierte Muskeln. Und leider sind Sie mit 40 nun in einem Alter, wo es zu schwabbeln beginnt, wenn Sie nichts dagegen tun. Sie müssen nicht gleich aussehen wie Arnold Schwarzeneggers unehelicher Sohn (huch, noch einer!), aber ein bisschen Sport hat noch niemandem geschadet. Das optimale Bewegungstraining konzentriert sich übrigens nicht nur darauf, möglichst viel Muskelmasse aufzubauen, sondern beinhaltet drei Bausteine: Ausdauer, Kraft und Beweglichkeit. Sie können alle drei im Fitnessstudio in Ihr Training integrieren und sich die Geräte so zusammenstellen, dass sie gleichermaßen trainiert werden. Doch wenn Sie sich in einer Muckibude nicht wohlfühlen, können Sie auch anderen Sport treiben.

Ihre Ausdauer können Sie zum Beispiel genauso gut beim Joggen, Radfahren und Schwimmen trainieren, Yoga (lachen Sie jetzt nicht, siehe oben) ist zum Beispiel gut für Beweglichkeit und Kraft. Auch Fußball, Basketball und Tennis sind gut für Ausdauer und Fettverbrennung, während Boxen Ihnen gleich vierfach gut tut: Es trainiert Muskeln und Ausdauer, verbrennt Fett und hilft beim Stressabbau – wenn Sie vor Ihrem geistigen Auge den Sandsack durch den Saftsack, Ihren Chef, ersetzen. Ihre Beweglichkeit können Sie mit Aufwärmübungen vor jedem Sport trainieren. Als optimal gelten drei Bewegungsphasen pro Woche, die je mindestens 30 Minuten dauern. So halten Sie Ihren Körper in Form. Der Blick in den Spiegel wird es Ihnen danken. Und die vielen bewundernden Blicke des anderen Geschlechts, die sich freuen, einen so knackigen Männerkörper betrachten zu dürfen. Auch wenn sie das natürlich nie zugeben würden, denn Frauen sind ja nicht so oberflächlich …

Machen Sie das Beste aus Ihrer Frisur

Im vorherigen Kapitel haben Sie bereits erfahren, dass es zum würdevollen Altern gehört, zu seiner Frisur zu stehen und nicht mit allerlei mehr oder weniger auffälligen Tricks zu kaschieren, dass das Haupthaar nicht mehr ganz so füllig ist. Nun gehen wir noch einen Schritt weiter: Wir akzeptieren nicht nur, was wir da auf dem Kopf haben (oder auch nicht), sondern machen sogar noch das Beste daraus. Das heißt also: Lassen Sie das, was da noch wächst, nicht einfach nur wachsen, wie es will, sondern tragen Sie tatsächlich eine Frisur. Oder eine Nicht-Frisur: Wenn Sie eine schöne Kopfform haben, spricht auch nichts dagegen, sich das verbliebene Haar ganz kurz zu schneiden, sodass nur noch Stoppeln übrig bleiben.

Was in keinem Fall attraktiv wirkt: ein langer Pferdeschwanz hinten, oben jedoch nichts. Denn diese Frisur schreit mit jedem Haar: „Ich will nicht wahrhaben, dass ich älter werde! Ich will ein Rockstar sein! Ich will ein Rebell sein! Und von meiner Matte werde ich mich nie trennen!" Gehören Sie zu dieser Sorte von Mann, dann muss ich Ihnen jetzt sagen: Sie sind nicht Samson. Wenn Sie sich Ihr Haar schneiden lassen, dann verlieren Sie nicht Ihre Kraft und schon gar nicht Ihre Manneskraft. Sie sind immer noch der, der Sie vorher waren. Und überhaupt: Ein Rockstar werden Sie mit 40 auch nicht mehr (siehe oben).

Ein Rebell können Sie dagegen mit 40 immer noch sein, doch dabei kommt es nicht auf Ihre Haarlänge an. Ein Rebell werden Sie durch Ihre Haltung, durch Ihre Taten, durch Ihre Gedanken. Aber nicht durch ein paar Haare, die auch schon mal kräftiger waren. Also nichts wie ab zum Friseur! Zum Trost will ich Ihnen jetzt noch etwas verraten, was mir meine Frau einmal anvertraut hat: Frisch geschnittene Haare fallen besser und wirken fülliger – das kann doch auch nichts schaden, oder? Versuchen Sie also das Beste aus dem zu machen, was Sie haben, auch wenn es nicht viel ist. Scheuen Sie sich nicht, einmal neue Wege zu gehen und Ihren Typ zu verändern. Wenn Sie sich unsicher sind, wird Ihnen Ihre Partnerin gerne ein paar Tipps geben. Oder Sie können Ihren Friseur fragen – er hat es schließlich nicht zum ersten Mal mit Männern wie Ihnen zu tun. Wenn Sie das Beste aus Ihrer Frisur machen, können Sie plötzlich wieder um Jahre jünger wirken und bleiben so auch mit 40 noch wahnsinnig attraktiv.

Achten Sie auf Ihre Ernährung

Ach ja, ich gebe es zu: Ich bin ein Spielverderber! Gerade habe ich Ihnen noch geraten, den Bauch einzuziehen, damit Sie auch weiterhin das Monster-Steak beim Grillabend verschlingen können und trotzdem nicht dick aussehen. Und nun komme ich doch noch mit der gesunden Ernährung daher! Gesunde Ernährung ist allerdings nicht nur wichtig, damit Sie schlank und sexy bleiben, sondern weil sie – wer hätte das gedacht? – tatsächlich gesund ist.

Ich will Ihnen jetzt nicht das alte Lied von Übergewicht, Herzinfarkt, Schlaganfall, Diabetes & Co. singen, das haben Sie nämlich schon oft genug gehört. Ich will Ihnen nur ein paar Kleinigkeiten mitgeben, die Sie in Ihrem Leben verändern können. Wenn Sie Single sind, dann mag die Versuchung groß sein, am Abend einfach nur eine Pizza in den Ofen oder eine Fertigmahlzeit in die Mikrowelle zu stecken. Doch in diesen Fertiggerichten stecken meiste keine hochwertigen Zutaten und häufig auch sehr viel Zucker. Und Zucker ist der Dickmacher Nummer eins. Wenn Sie selbst kochen, haben Sie es in der Hand, was sich in Ihrer Mahlzeit befindet, und können ungesunden Zutaten aus dem Weg gehen. Neben Zucker gehört dazu unter anderem Weißmehl. Auch Süßigkeiten oder süße Getränke sollten Sie meiden. Am besten verwenden Sie Zucker nur zum Süßen und auch da ist Süßstoff oder Stevia eine gute Alternative.

Wichtig sind außerdem Obst und Gemüse: Am besten sind Sie hier mit drei Portionen Gemüse und zwei Portionen Obst pro Tag dran. Ebenfalls nicht vergessen sollten Sie Milch und Milchprodukte, doch gibt es hier immer auch Produkte mit niedrigerem Fettgehalt. Eine ganz schlechte Kombination sind leider Kohlenhydrate und Fette. Das sagt Ihnen jetzt vermutlich nicht viel – Schweinebraten mit Knödeln, Gulasch mit Reis, Nudeln in Sahnesauce oder ein Nutellabrot sind Ihnen dagegen wahrscheinlich schon bekannt. Und leider ziemlich ungesund. Gute Kombinationen sind dagegen Eiweiß und Kohlenhydrate, wie sie zum Beispiel bei Nudeln mit Käse oder Pellkartoffeln mit Quark vorkommen.

Neben diesen wichtigen Punkten einer gesunden Ernährung sollten Sie noch einen wichtigen Grundsatz beachten: Hören Sie auf zu essen, wenn Sie satt sind. Das gilt beim Grillabend mit Freunden genauso wie beim „All you can eat"-Bufett. Eine ausgewogene Ernährung – unbedingt auch in Kombination mit Bewegung – hilft Ihnen, gesund zu bleiben und Ihre gute Figur zu erhalten. Spätestens mit 40 sollten Sie Fertigprodukten, McDonalds & Co. den Kampf ansagen und auf Ihre Ernährung achten. Denn eine gute Figur ist nicht nur viel gesünder als Ihre Speckröllchen, sondern sie macht Sie auch noch ausgesprochen attraktiv fürs andere Geschlecht. Und das wollen Sie doch auch mit 40 noch sein, oder?

Umgeben Sie sich mit unattraktiven Freunden

Unter den Blinden ist der Einäugige König. Und unter den Hässlichen sind Sie Brad Pitt. So einfach ist das. Stellen Sie sich vor, Sie bleiben zusammen mit fünf Frauen im Aufzug stecken: Vier davon sind graue Mäuse, in Sack und Asche gekleidet. Die fünfte hat blonde lange Haare, knallrote Lippen, Kurven an den richtigen Stellen und trägt ein Kleid, das diese Vorzüge auch noch betont. Mit welcher Frau fangen Sie jetzt an zu flirten? Und jetzt verrate ich Ihnen einmal was: Frauen ticken auch nicht viel anders. Selbst wenn Sie nur mittelmäßig attraktiv sind (Sie haben ja auch erst die Hälfte der zehn Tipps für Männer, mit 40 so attraktiv zu wirken wie nie zuvor, gelesen): Ziehen Sie mit vier unattraktiven Kumpels los, dann wird Ihnen die weibliche Aufmerksamkeit sicher sein. Klar, Männer können immer noch mit Humor punkten (warum sonst mögen Frauen Schauspieler wie Ben Stiller oder Jim Carrey?), daher sollten Ihre Kumpels nicht nur unattraktiv, sondern auch noch langweilig sein. Nehmen Sie also Ihren Freundeskreis unter die Lupe. Stefan mit dem Waschbrettbauch? Nein, mit dem lassen Sie sich in Zukunft nicht mehr in der Öffentlichkeit sehen! Der witzige Markus, der gelegentlich als Comedian auftritt? Lieber nicht! Aber da ist doch Thorsten: etwas rundlich, weniger Haare als Sie und großer Modelleisenbahnfan. Ihr neuer bester Freund! Und wahrscheinlich freut sich Thorsten auch noch, dass Sie, dieser wirklich coole Hecht, auf einmal Zeit mit ihm verbringen wollen. Sie tun dem Mann also auch noch etwas Gutes!

Jetzt höre ich schon Ihre empörten Einwände: „Ich mag Markus und Stefan aber, ich gehe gerne mit ihnen ein Bierchen trinken! Ich bin doch nicht so oberflächlich und wähle meine

Freunde nur nach dem Aussehen aus! Und Thorsten langweilt mich zu Tode!" Ja, ja, Sie haben ja recht. Natürlich dürfen Sie nach wie vor mit Stefan und Markus losziehen. Nur wenn Sie wirklich auch mit 40 noch unheimlich attraktiv wirken und jede Frau dazu bringen wollen, sich nach Ihnen umzudrehen, dann sollten Sie ab und zu auch mal mit Thorsten losziehen. Es gibt nämlich bestimmt noch etwas über Modelleisenbahnen, das Sie noch nicht wissen. Und zum Thema „Sie sind doch nicht oberflächlich": Wie war das eben mit den fünf Damen im Aufzug?

Investieren Sie in Accessoires

Diesen Tipp hat mir meine Frau gegeben. Sie ist nicht nur Leserin aller möglichen Zeitschriften von „Brigitte" bis „InStyle" (natürlich nur beim Friseur), sondern weiß schließlich auch genau, wann ein Mann mit 40 attraktiv ist. Und so hat sie mir geflüstert: „Auf die richtigen Accessoires kommt es an." Tatsächlich hat mir diese These auch ein Mann (!) bestätigt, mein Bekannter Martin, der in der Personalabteilung eines nicht ganz kleinen Unternehmens arbeitet. Er hat mir nämlich gestanden, dass er bei allen Kandidaten, die zum Vorstellungsgespräch bei ihm erscheinen, zuerst auf die Schuhe schaut. „Denn in einen teuren Anzug investieren die Männer noch gerne. Aber bei den Schuhen verlässt sie dann der gute Wille. Wahrscheinlich denken sie, dass die unter dem Tisch ja eh niemand sieht." Und so bekommt Martin zum edlen Boss-Anzug nicht selten ausgelatschte Treter zu sehen, denen ein bisschen Schuhcreme ganz hervorragend gestanden hätte.

Doch nicht nur zum Anzug wollen die passenden Schuhe getragen werden. Auch sonst ist der Schuhkauf häufig ein Albtraum für das männliche Geschlecht. So müssen dann die heiß geliebten Converse-Turnschuhe für alle Gelegenheiten herhalten. Wenn es ein bisschen schicker sein soll, werden sie mit einer ordentlichen Jeans, einem weißen Hemd und einem Blazer kombiniert, aber zur Freizeitjeans und T-Shirt passen sie genauso gut. Wahrscheinlich sind Sie beim Lesen dieser Zeilen immer blasser geworden: „Oh Gott, der will, dass ich in ein Schuhgeschäft gehe. Oder bei Zalando bestelle und dann den Postboten ankreische." Keine Panik, das muss nicht sein. Jedenfalls nicht mehr als einmal. Investieren Sie in ein Paar Schuhe, für das Sie sich nicht schämen müssen und das sich mit mehreren Outfits kombinieren lässt. Ein Paar Budapester oder Chelsea Boots zum Beispiel. In guter Qualität können diese Schuhe jedes Outfit aufwerten. Und falls Sie je bei Martin im Vorstellungsgespräch sitzen sollten, haben Sie schon gewonnen.

Das Gleiche gilt übrigens auch für eine Tasche oder einen Koffer. Auch hier lohnt sich eine Investition. Nicht selten sieht man am Flughafen nämlich schick angezogene Geschäftsmänner, die einen verbeulten, uralten Trolley hinter sich herziehen. Dadurch wird der gute Eindruck, den diese Herren auf den ersten Blick machen, sofort wieder zerstört. Ebenso wie der Regenschirm mit den drei gebrochenen Speichen, der vom ersten Windhauch umgestülpt wird. Investieren Sie also ein wenig Geld in Accessoires, denn mit den passenden Schuhen, einem schicken Koffer oder einem funktionierenden Regenschirm unterscheiden Sie sich ganz gehörig von den Berufsjugendlichen zwischen 30 und 40 – und wirken damit ungemein attraktiv. Und noch etwas hat mir meine Frau verraten: Das Gute an einem Accessoire ist, dass Sie es mit vielen Dingen kombinieren können. Will heißen: Wenn Sie jeden Tag denselben Anzug tragen, merkt das jeder. Ein gutes Paar Schuhe dagegen können Sie guten Gewissens jeden Tag anziehen – nur mein Freund Martin wird es bemerken.

Finden Sie Ihren eigenen Stil

In ihrer Jugend experimentieren Jungs beim Stil noch ganz gerne herum. An einem Tag sind sie coole Hip-Hopper mit Goldkettchen und Hosen, deren Hosenboden ihnen irgendwo in den Kniekehlen hängt. Am nächsten Tag sind sie Punk mit zerrissenen Jeans und bunten Haaren. Weitere 24 Stunden später sind sie Sportler mit Turnschuhen und dem Trikot der Lieblingsmannschaft. Ganz klar: Die Jugend ist die Zeit, in der wir vieles ausprobieren können – auch ob nun Sandra oder Tina besser küssen kann. Niemand nimmt es uns übel, wenn wir zwischen den Styles wechseln. Das Problem ist nur, dass die Jugend heute immer länger dauert. So ungefähr bis 37 nämlich. Und so sieht man auch immer mehr „gestandene Männer", die mal Rocker, mal Geschäftsmann sind, weil sie irgendwie ja doch mit der Mode gehen sollen. Und diese Mode ändert sich nun einmal ständig.

So, und jetzt sage ich Ihnen mal was: Mann muss nicht jeden Modetrend mitmachen. Ihre Partnerin wird Ihnen jetzt zwar etwas komplett anderes erzählen, denn schließlich muss sie sich ja irgendwie dafür rechtfertigen, dass sie das 135. Paar Schuhe gekauft hat, obwohl sie nur zwei Füße hat. („Aber, Schatz, die anderen 134 Paar kann ich doch jetzt nicht mehr anziehen! Die sind doch total out!") Die Modeindustrie lebt sehr gut davon, dass sie ständig neue Trends erfindet, die Frauen und auch immer mehr Männer sofort haben wollen. Und so sind wir in einem Jahr Hippies aus den 1970ern und im nächsten die lässigen „Miami-Vice"-Cops aus den coolen 1980ern.

Aber halt: Sie sind 40! Sie müssen nicht mehr jeden Trend mitmachen! Das bedeutet noch lange nicht, dass Sie nun in Ihrer heiß geliebten Jeans herumlaufen sollen, bis diese auseinanderfällt. Nein, das bedeutet lediglich, dass Sie mit 40 herausgefunden haben sollten, wer Sie sind und was Ihnen steht. Kurz: Sie haben Ihren Stil gefunden. Sie sind vielleicht kein smarter Businessmann, sondern eher ein Jeans- und Turnschuh-Typ. Dann bleiben Sie Ihrem Stil treu, außer in Situationen, die ein bestimmtes Outfit erfordern (das Vorstellungsgespräch bei meinem Kumpel Martin wäre so eine Situation. Oder Ihre Hochzeit). Seien Sie einfach Sie selbst – auch in Ihrer Kleidung. Denn all die Herumexperimentiererei aus Ihrer Jugend hat Ihnen gezeigt, was Ihnen steht.

Attraktiv ist, wer in sich selber ruht

Nun werden wir ein wenig philosophisch. Sicherlich haben Sie schon einmal die weisen Worte „Wahre Schönheit kommt von innen" gehört. Und da ist wirklich etwas Wahres dran. Natürlich sind Frauen wie Beyoncé Knowles oder Gisele Bündchen auch von außen sehr schön anzuschauen und viel mehr können wir dazu auch nicht sagen, denn das Innere dieser Damen kennen wir nicht.

Sicherlich haben aber auch Sie schon einmal die folgende Situation erlebt: Sie sind auf einer Party und plötzlich kommt ein Typ herein, den Sie noch nie gesehen haben. Auf den ersten

Blick ist er eher unscheinbar, ganz bestimmt kein Modeltyp. Er ist nicht besonders groß, hat keinen Waschbrettbauch (soweit Sie das erkennen können) und seine Haare hatten auch schon einmal mehr Gesellschaft. Aber trotzdem nimmt dieser Mann sofort den ganzen Raum in Besitz. Männer begrüßen ihn und lachen schallend über seine Witze, und die Frauen hängen ganz begeistert an seinen Lippen. „Was hat der, was ich nicht habe?", fragen Sie sich. Die Antwort dazu bleibt er Ihnen jedoch schuldig. Dieser Mann ist offensichtlich attraktiv, obwohl er nicht so aussieht. Aber er hat eine tolle Ausstrahlung, die jeden in ihren Bann zieht.

Diese Ausstrahlung bekommen Sie nicht durch eine Wahnsinnsfigur oder eine teure Rolex. Sie kommt von innen, aus Ihnen heraus. Und da spielt Ihre Einstellung sich selbst gegenüber eine wichtige Rolle. Wer sich selbst gefunden hat, mit sich und seinem Leben zufrieden ist und in sich selbst ruht, strahlt diese Zufriedenheit und Selbstsicherheit auch nach außen aus. Andere Menschen erkennen dies instinktiv und reagieren entsprechend darauf – indem sie sich diesen Menschen mit dieser besonderen Ausstrahlung zuwenden. In diesem Fall kommt die Attraktivität also wirklich aus dem tiefsten Inneren der Menschen heraus. Doch wie soll ich Ihnen nun einen Tipp geben, wie Sie lernen, in sich selbst zu ruhen?

Finden Sie heraus, was Ihnen wichtig ist in Ihrem Leben, an welchen Werten Sie sich orientieren wollen, und handeln Sie entsprechend. Versuchen Sie nicht immer, allen anderen gefallen zu wollen, denn als Chamäleon haben sie keine eigene (Charakter-)Farbe. Seien Sie stattdessen Sie selbst, ein Mensch mit Ecken und Kanten. Denn die haben wir alle – akzeptieren Sie sie, dann werden das auch die anderen tun.

Betonen Sie Ihre Vorzüge und kaschieren Sie Ihre schlechten Seiten

Es gibt Menschen, die lassen sich nur von der rechten Seite fotografieren. Oder von der linken. Weil das eben ihre Schokoladenseite ist. Von der anderen Seite sehen sie ganz schrecklich aus – meinen sie zumindest. Vielleicht ist da ja tatsächlich eine kleine Narbe, ein Muttermal, eine Warze. Wir wissen es nicht, denn wir kennen diese Seite ja nicht. Aber diese Menschen wissen sehr wohl, welche ihre Schokoladenseite ist, und betonen sie entsprechend. Frauen verstehen es sehr gut, ihre Vorzüge geschickt zu betonen. Nicht umsonst werden jährlich Millionen von Push-up-BHs verkauft, die sogar aus einer Körbchengröße A noch eine ansehnliche Oberweite machen können. Mit der Unterwäsche wird der Bauch weggezaubert und Po und Oberschenkel werden in Form gebracht. Und weil alle Männer so von diesen Kurven fasziniert sind, fällt ihnen gar nicht mehr auf, dass die Frau für ihr Gewicht ein wenig zu klein ist.

Hier haben wir Männer ganz klar noch Nachholbedarf. Ich meine jetzt nicht den „Wondercup", den die australische Firma AussieBum 2006 auf den Markt brachte und der vortäuschen sollte, dass der Träger etwas mehr in der Hose hat, als ihm die Natur mitgab. Nein, ich meine ganz einfach, dass man auch mit normalen Klamotten ein wenig tricksen kann. Dass Sie nicht gerade ein hautenges T-Shirt tragen müssen, wenn Sie ein paar Kilo zu viel mit sich herumtragen, wird Ihnen noch einleuchten. Aber wissen Sie auch, wie Sie sich ein paar Zentimeter größer schummeln können (ganz ohne Plateausohlen)? Setzen Sie hier auf Hosen, die auf der Hüfte sitzen, denn sie lassen den Oberkörper länger wirken. Auch das Oberteil sollte auf der Hüfte abschließen. Längsstreifen (also zum Beispiel auch Nadelstreifen) lassen Sie schlanker wirken, Querstreifen dagegen eher dicker (denken Sie an den dicken Willi aus der „Biene Maja": schwarz-gelbe dicke Streifen – ganz unvorteilhaft). Außerdem sehen Sie schlanker aus, wenn Sie Ihre Garderobe Ton in Ton aufeinander abstimmen, also ein dunkles Sakko zu einer dunklen Hose tragen. Bei Hosen sollten Sie gerade geschnittene Modelle bevorzugen, Cargohosen mit ihren Quernähten und aufgesetzten Taschen lassen Sie dagegen eher dicker wirken. Übrigens: Fragen Sie zu diesem Thema ruhig auch mal Ihre Partnerin, in welchen Klamotten Sie sie am liebsten sieht. Denn sie weiß genau, wann Sie am attraktivsten für sie aussehen!

Tricksen Sie wie ein Model

Ja, ich weiß, Model ist nicht gerade der männlichste aller Berufe. Da ist Teilnehmer an der Rallye Paris – Dakar, Ölbohrer in der Nordsee oder Survivalexperte schon erheblich männlicher. Trotzdem können Sie von Models einiges lernen, wenn es darum geht, auch mit 40 noch attraktiv zu wirken. Denn attraktiv auszusehen ist schließlich deren Job. Wenn Sie krank sind, gehen Sie doch auch zum Arzt, oder?

Männliche Models gehören im Gegensatz zu ihren weiblichen Kolleginnen mit 40 übrigens auch noch nicht zum alten Eisen. Marcus Schenkenberg (Sie wissen schon, der Schwede, der mal mit Pamela Anderson liiert war) zum Beispiel ist heute 44 und immer noch gut im Geschäft.

Was können Sie nun von einem Model lernen? Schauen wir uns da doch einmal die Muckis an. Ein Model ist ständig unterwegs, da bleibt oft nicht viel Zeit für den regelmäßigen Gang ins Fitnessstudio. Genauso wie bei Ihnen, nur dass Sie nicht zwischen New York, Mailand und Paris, sondern zwischen Büro, Kindergarten und Fernseher unterwegs sind. Was tut ein Model dann, um trotzdem immer gut definierte Oberarmmuskeln zu haben – zumindest beim Fotoshooting? Da kennen Models einen einfachen Trick: Sie pumpen Ihre Muskeln kurz vor dem Shooting auf, und zwar mit vielen Wiederholungen und wenig Gewicht. Dadurch schießt vermehrt Blut in die Muskulatur und lässt diese prall aussehen.

Bis zu drei Stunden kann dieser Effekt anhalten, den Sie am besten mit Liegestützen und Übungen mit Kurzhanteln bis zu zehn Kilogramm erzielen. Probieren Sie es doch morgen gleich mal aus – ob Ihrer Partnerin wohl etwas auffällt? Tricksen Sie also wie ein Model. So wirken Sie auch mit 40 noch so attraktiv wie – genau – ein Model.

Zehn goldene Tipps, um Ihr Leben zu entrümpeln

40 Jahre, da sammelt sich eine ganze Menge Zeug an. Zum Glück ziehen wir ab und zu um und können dann so richtig entrümpeln. Nur blöd, dass das Gerümpel wieder nachzuwachsen scheint. Deshalb sollten Sie ab und zu ausmisten – und der 40. Geburtstag ist der optimale Zeitpunkt, um damit zu beginnen.

Entsorgen Sie alte Urlaubssouvenirs

So was haben wir alle in unserer privaten Keramikabteilung herumlungern: Badezusätze, Seifen in witzigen Formen und Farben, Parfumflakons und unendliche Mengen von aus Hotels mitgebrachten Duschgel-Fläschchen, die uns daran erinnern, dass wir vor 17 Jahren mal auf den Kanaren waren. Auch die Muscheln und Holztierchen, die sich auf Fenstersims oder Wannenrand tummeln, gehören zu diesen Souvenirs. Zugegeben: All das schafft zwar eine heimelige Atmosphäre. Aber spätestens wenn der Staub fingerdick aufliegt, stellt sich die Frage: Wer braucht's? Wem nutzt's? Werden wir den Badezusatz jemals noch verwenden, zumal sich der einst angenehme Duft nach all den Jahren in einen indifferenten Chemiemief verwandelt hat? Langer Rede kurzer Sinn: Weg damit! Der nächste Urlaub kommt bestimmt – und da braucht man Platz für neues Duschgel (auch wenn dem im Lauf der Zeit dasselbe Schicksal bevorsteht …)

Warum mit 40?

Weil Sie auch nach 40 noch jede Menge Urlaube machen werden und somit auch jede Menge Gelegenheit haben, Ihre Duschgel-Vorräte aufzustocken und Ihre Regale mit Nippes vollzustellen, den die Welt nicht braucht (der aber zeigt, dass Sie schon mal in Marokko oder Thailand waren). Und beim nächsten runden Geburtstag wiederholen Sie das Spielchen dann erneut.

Hinterfragen Sie Ihren Freundeskreis

Bei Facebook haben Sie sicherlich ziemlich viele Freunde. Aber wie sieht es im echten Leben aus? Freunde, mit denen Sie gerne zusammen sind, die Ihnen gut tun und die nicht nur in guten, sondern auch in schlechten Zeiten zu Ihnen stehen? Diese Zahl ist vermutlich nicht ganz so groß wie die Zahl Ihrer Facebook-Freunde. Und vermutlich haben Sie die meisten dieser echten Freunde schon sehr lange.

Je älter wir werden, desto schwerer fällt es uns, neue Freunde zu finden. Zum einen, weil wir uns in eingefahrenen Kreisen bewegen: Im Job sind wir schon ein paar Jahre dabei und wir gehen seit Ewigkeiten ins gleiche Fitnessstudio. Zum anderen aber auch, weil wir nicht mehr so viel Zeit haben, die wir in unsere Freundschaften investieren können. Doch Freundschaften wollen gepflegt werden.

Nehmen Sie Ihren Freundeskreis unter die Lupe. Sind Sie mit all den Freunden, Kumpels oder Kollegen, mit denen Sie Ihre Freizeit verbringen, gerne zusammen? Fühlen Sie sich nach einem Treffen mit diesen Menschen gut? Wenn ja, dann haben Sie einen wunderbaren Freundeskreis. Vielleicht sind unter Ihren Freunden aber auch Menschen, mit denen Sie nicht (mehr) so gerne etwas unternehmen. Sie fühlen sich zu den Treffen gezwungen und würden lieber etwas anderes machen. Vielleicht haben Sie sich in unterschiedliche Richtungen entwickelt und nicht mehr die gleichen Interessen. Vielleicht sind aber auch Menschen dabei, die immer nur jammern, wie schlecht es ihnen geht, auf der anderen Seite aber nichts von Ihren Problemen wissen möchten. Freundschaft ist eine Sache von Geben und Nehmen – und dieses Verhältnis sollte ausgewogen sein. Ist das bei Ihnen der Fall?

Und was tun Sie nun, wenn Sie sich von dem einen oder anderen „Freund" trennen wollen? Am ehrlichsten wäre es, der Person mitzuteilen, dass es „aus" ist – doch anders als beim Ende einer Beziehung scheuen wir hier oft klare Worte. Wer es lieber etwas sanfter angehen will, kann sich einfach schrittweise zurückziehen. Machen Sie keine Termine mehr mit der anderen Person aus, melden Sie sich nicht mehr von sich aus und hoffen Sie, dass der andere von selbst versteht, was los ist.

Warum mit 40?

Mit 40 ist jede Menge los in unserem Leben: Wir haben im Job viel zu tun und die Kinder sind noch relativ klein. Für Freundschaften bleibt ohnehin nur wenig Zeit. Und diese wenige Zeit sollten Sie mit den Menschen verbringen, mit denen Sie wirklich gerne zusammen sind.

Gehen Sie beim Ausmisten Raum für Raum vor

Kommt Ihnen das Folgende bekannt vor? Sie lassen den Blick durch Ihre Wohnung streifen und sehen Chaos: Zeitschriften stapeln sich auf dem Couchtisch, auf dem Nachtkästchen liegen Bücher und die Hälfte Ihrer T-Shirts haben Sie schon seit Ewigkeiten nicht mehr getragen. „Ich muss dringend mal wieder ausmisten", denken Sie sich. Aber beim Blick auf das Chaos verlässt Sie Ihr Mut wieder: „Dafür brauche ich ja Wochen!" Also machen Sie lieber gar nichts.

Gehen Sie beim Ausmisten vor wie bei anderen Großprojekten auch: Zerlegen Sie das Projekt in kleine Schritte und nehmen Sie sich Ihre Wohnung Zimmer für Zimmer vor. An einem verregneten Sonntagnachmittag ist zum Beispiel das Wohnzimmer dran. Am nächsten Wochenende dann der Kleiderschrank. Und so weiter. Machen Sie aber nicht den Fehler und verfrachten Sie all die Dinge, die Sie wegwerfen wollen, einfach in den Keller oder auf den Dachboden. Trennen Sie sich lieber sofort davon, denn wenn die Dinge erst einmal weggepackt sind, denken Sie sowieso nicht mehr daran. Nicht umsonst heißt es „Aus den Augen, aus dem Sinn." Weg sollte auch die alte Lieblingsjeans, in die Sie irgendwann wieder hineinpassen, wenn Sie endlich die fünf Kilo zu viel abgenommen haben. Durch diese Vorgehensweise in kleinen Etappen verliert das Monster „Ausmisten" viel von seinem Schrecken. Und Sie bekommen Schritt für Schritt eine ordentliche Wohnung – diese kleinen Erfolge motivieren Sie, weiterhin am Ball zu bleiben.

Warum mit 40?

Fürs Ausmisten ist jedes Alter ideal. Wichtig ist nur, dass Sie nicht nur alle zehn Jahre zur großen Mülltüte greifen, sondern sich regelmäßig von altem Gerümpel befreien. Sonst heißt es für Sie nämlich irgendwann: Endstation „Messie-Alarm!" – sonntags um 17:00 Uhr auf SAT.1.

Sortieren Sie Ihre E-Mails

Egal ob im Job oder im Privatleben: Unser E-Mail-Postfach quillt über. Da ist der übereifrige Kollege, der seine gesamte Kommunikation an die komplette Abteilung schickt. Da ist die Freundin, die uns einen Kettenbrief weiterleitet. Da sind die zahlreichen Youtube-Links zu witzigen Katzen oder Frauen, die beim SMS-Schreiben in den Brunnen fallen. Und zwischen all diesen Mails befinden sich auch ein paar wirklich wichtige Dinge: die Hochzeitseinladung eines guten Freundes oder relevante Infos für den Job. Nur blöd, dass wir diese zwischen all dem E-Mail-Müll auf die Schnelle gar nicht mehr finden. Da hilft nur eins: Entrümpeln Sie Ihr E-Mail-Postfach und sortieren Sie Ihre Mails, damit Sie nicht mehr so viel Zeit mit Suchen verbringen müssen.

Einige E-Mails können Sie mit Sicherheit sofort löschen. Dazu gehören Spam-Mails, aber auch Newsletter von Onlinehändlern, die Sie ohnehin nicht lesen. Scannen Sie zuerst die Absender und die Betreffzeilen der eingegangenen E-Mails und löschen Sie unnütze Mails sofort. Die wichtigen E-Mails können Sie in Ordner einsortieren – oder einsortieren lassen. Viele E-Mail-Programme haben Filter, mithilfe derer bestimmte E-Mails automatisch in entsprechende Ordner geschoben werden. So können Sie zum Beispiel alle Mails Ihrer Mutter in einen Ordner namens „Mami" oder „Privat" einordnen lassen. Auch für Ihre Projekte – sei es beruflich oder privat (zum Beispiel die Hochzeit Ihres besten Freundes) – richten Sie eigene Ordner ein und verschieben die relevanten Mails dorthin. Wichtige Mails beantworten Sie sofort, damit sie sich nicht ansammeln. Mails, bei denen Sie nicht sicher sind, ob Sie die Infos noch einmal brauchen, verschieben Sie in einen Ordner namens „Wiedervorlage". Diesen gehen Sie dann einmal pro Monat durch und löschen oder beantworten die Mails.

Damit Sie nach dem Urlaub nicht von Mails überflutet werden, richten Sie eine Abwesenheitsmeldung ein und verweisen Sie an Ihre Vertretung. Auch in der Kommunikation mit Ihren Kollegen können Sie unnötige Arbeit vermeiden: Für manche Nachrichten reicht schon die Betreffzeile aus, z.B. „Meeting heute um 14:00 Uhr". Setzen Sie dann in Klammern „eom" dahinter – das heißt „end of message" und signalisiert dem Empfänger, dass er Ihre Mail nicht öffnen muss. Setzen Sie auch nur diejenigen ins CC, die die Mail wirklich betrifft.

In Ihrem privaten Posteingang können Sie all die Mails mit Links zu witzigen YouTube-Videos sofort nach dem Ansehen löschen, denn ein zweites Mal werden Sie das Video vermutlich nicht mehr ansehen.

Warum mit 40?

Weil Sie noch ganz viele E-Mails bekommen werden in Ihrem Leben und Ihr Posteingang sonst überquillt. Noch akuter ist dieses Problem, wenn Sie Ihre Mails ausschließlich in Ihrem Online-postfach lesen und bearbeiten und sie nicht mit Outlook, Thunderbird oder einem anderen Mailprogramm auf Ihren Rechner herunterladen. Dann ist nämlich irgendwann einmal Ihr Postfach voll und Sie können keine neuen Mails mehr empfangen.

Vermeiden Sie in Zukunft Gerümpel

Wer nicht gerne ausmistet, trotzdem aber gewisse Tendenzen hat, unnötige Gegenstände anzusammeln, sollte besonders darauf achten, in Zukunft Gerümpel ganz einfach zu vermeiden. Überlegen Sie bei jeder Anschaffung, ob Sie das neue T-Shirt, die DVD oder die Turnschuhe wirklich brauchen. Die DVD schauen Sie vermutlich ohnehin nur einmal an – können Sie sie also nicht einfach leihen? Und auch wenn es noch so schön ist, von seinem Anbieter alle zwei Jahre automatisch ein neues Handy zu bekommen – tut es das alte nicht auch noch?

Wenn Sie partout nicht auf den neuesten Elektronik-Schnickschnack verzichten wollen, so verkaufen oder verschenken Sie Ihr altes Handy oder entsorgen Sie es fachgerecht, denn die Einzelteile können wiederverwendet werden. Oft gehen Elektrogeräte aber auch kaputt und müssen ersetzt werden. Da wir keine Lust haben, zum Wertstoffhof zu fahren, wandert das alte Gerät erst mal in den Keller. Und da steht dann der alte Röhrenfernseher neben der Filterkaffeemaschine und dem Laptop, bei dem die Festplatte gecrasht ist. Die Geräte nehmen einen Haufen Platz weg, bis Sie dann irgendwann doch einmal die Reise zum Wertstoffhof antreten. Entsorgen Sie diese Geräte sofort. Vielleicht nimmt ja auch der Elektronikmarkt, bei dem Sie das Neugerät kaufen, das alte Gerät zurück? Dann können Sie beides in einem Aufwasch erledigen!

Wer bewusster einkauft, kann also viel Gerümpel vermeiden – und schont damit die Umwelt und die Ressourcen.

Warum mit 40?

Wir lassen uns immer gerne von der Werbung verführen und uns das Neueste vom Neuen aufschwatzen. Mit 40 sollten Sie langsam gelernt haben, dass Sie nicht automatisch ein besserer Mensch werden, nur weil Sie das allerneueste Smartphone als Erster besitzen. Denken Sie nach, bevor Sie Geld für sinnlose

Dinge ausgeben. Und wenn Sie doch einmal etwas Neues kaufen müssen, so entsorgen Sie die alten Produkte fachgerecht. Denn Sie haben noch gut 40 Lebensjahre vor sich – wenn Sie weiterhin so viel Gerümpel anhäufen, haben Ihre Kinder und Enkel einmal viel zu tun, wenn sie Ihre Wohnung auflösen müssen.

Entrümpeln Sie Ihre Finanzen

Jetzt kommen wir zu einem ganz heiklen Thema: den Finanzen. Haben Sie einen genauen Überblick darüber, wie viel Geld Sie jeden Monat brauchen? Sind Sie schon froh, wenn am Ende des Monats überhaupt noch Geld übrig ist? Oder leben Sie vorwiegend im Dispo? Wir haben eine ganze Menge finanzieller Verpflichtungen: die Miete für die Wohnung, die Kosten für Essen und Lebensunterhalt – und amüsieren wollen wir uns zwischendurch auch noch. Ach ja, und eigentlich sollten wir auch noch etwas für das Alter zurücklegen. Vielleicht haben wir aber auch ein Eigenheim gekauft und müssen noch jahrelang einen Kredit abbezahlen. Und ausgerechnet jetzt geht auch noch der Fernseher kaputt. Kaufen wir eben einen neuen – gut, dass es bei Media Markt auch Ratenzahlung gibt. Dazu kommt die Flatrate fürs Handy, das Abo im Fitnessstudio – und schon haben wir eine ganze Menge monatlicher Fixkosten und wissen gar nicht mehr so recht, ob unser Gehalt das überhaupt hergibt. Wenn Sie am Monatsende regelmäßig in den Dispo geraten, sollten Sie sich dringend einen genauen Überblick über Ihre Finanzen verschaffen. Schreiben Sie einen Monat auf, wie viel Geld Sie zur Verfügung haben (Einkommen plus Kindergeld, Elterngeld …) und führen Sie genau Buch über Ihre Ausgaben. Auch wenn das vielleicht spießig klingt: Schreiben Sie jede

Tasse Kaffee, jede Zahnpasta, jede Packung Windeln auf. Wenn Sie alles schwarz auf weiß vor sich haben, so überlegen Sie, wo Sie sparen können. Muss es wirklich jeden Tag auf dem Weg zur U-Bahn der „Coffee to go" sein? Können Sie vielleicht in ein günstigeres Fitnessstudio wechseln? Müssen Sie Bücher immer neu kaufen oder tun es nicht auch gebrauchte?

Geben Sie nicht mehr Geld aus, als Sie haben. Wenn Sie sich keinen neuen Fernseher leisten können, dann muss es eben mal eine Zeit lang ohne gehen. Sparen Sie sich lieber das Geld für ein neues Gerät zusammen, als auf Raten zu kaufen, wo Sie am Ende immer teurer wegkommen. Dasselbe gilt für Urlaubsreisen. Wenn Sie nicht genug Geld für eine Reise haben, dann genießen Sie Ihren Urlaub auf Balkonien. Einzig bei Immobilien dürfen Sie gerne einen Kredit aufnehmen, denn sonst könnten Sie sich Ihr Häuschen erst zur Rente leisten.

Bezahlen Sie in Geschäften möglichst bar, so behalten Sie einen besseren Überblick über Ihre persönlichen Ausgaben. Sollten Sie doch einmal zu tief in die roten Zahlen geraten, so stecken Sie nicht den Kopf in den Sand und ignorieren Sie Rechnungen und Mahnungen nicht einfach. Suchen Sie das Gespräch mit der Bank und arbeiten Sie zusammen einen Plan aus, wie Sie Ihre Schulden zurückzahlen können.

Warum mit 40?

Zwei Worte: Peter Zwegat. Wollen Sie, dass der RTL-Schuldnerberater eines Tages mit sorgenvoller Miene vor Ihrer Tür steht? Schulden fangen immer klein an. Zuerst ist man nur einmal kurz im Minus. Dann noch mal. Dann kommen Zinsen dazu. Dann werden die Schulden mehr. Und irgendwann ist der Schuldenberg so groß, dass Sie ihn nicht mehr selbst abtragen können. Deshalb also: Machen Sie erst gar keine Schulden und behalten Sie den Überblick über Ihre Finanzen. Dann können Sie auch erheblich besser schlafen.

Verschenken und verkaufen Sie

So, Sie haben also endlich ausgemistet und jetzt ganze Stapel von Dingen, die Sie eigentlich loswerden möchten. Ein ganzer Stapel Bücher zum Beispiel, die Sie zwar gelesen haben, aber bestimmt nicht noch einmal lesen werden. Die DVD-Boxen mit den „Simpsons", die Sie auch nicht noch einmal anschauen werden. Einen großen Haufen T-Shirts, die zwar noch in Ordnung sind, Ihnen aber blöderweise ein wenig eng geworden sind. Und Ihre Metallica-CDs, die Sie auf Ihrem PC archiviert haben und ohnehin nur über Ihren MP3-Player hören, weil Ihre Partnerin diesen „Krach" nicht leiden kann. Und was machen Sie jetzt mit all diesen Dingen?

Zum Wegwerfen sind sie doch viel zu schade! Mit einigen davon können Sie sicherlich noch ein gutes Werk tun. Bücher, DVDs oder CDs können Sie verschenken, zum Beispiel an Bibliotheken oder Krankenhäuser. Kleider können Sie zur Kleidersammlung geben. Wenn Sie viel Zeit haben und Ihre alten Sachen noch zu Geld machen wollen, können Sie sie auch bei eBay einstellen und verkaufen. Etwas unkomplizierter geht es bei Ankäufern wie Momox, Buchankauf24 oder reBuy zu: Sie kaufen unter anderem gebrauchte Bücher, CDs, DVDs oder Spiele an und verkaufen diese dann weiter. Indem Sie auf den entsprechenden Websites die ISBN oder den Barcode des Artikels eingeben, können Sie sofort sehen, wie viel Geld Sie dafür bekommen. Auch Amazon nimmt mittlerweile gebrauchte Bücher zurück und entschädigt

Sie damit mit einem Gutschein. So werden Sie Dinge los, die Sie nicht mehr brauchen, und bekommen sogar noch ein bisschen Geld dafür. Und jemand anderes freut sich darüber!

Warum mit 40?

Weil es gar keinen falschen Zeitpunkt geben kann, um sich von überflüssigen Gegenständen zu trennen. Und weil Sie mit 40 eigentlich immer mehr Platz brauchen. Denn es gibt nun viele Dinge, die Sie viel lieber aufheben wollen als alte „Simpsons"-DVDs: die Zeichnungen Ihrer Kinder zum Beispiel, die ersten Schreibversuche der Kinder, das Lieblingsspielzeug usw.

Tragen Sie kein Gerümpel mit sich herum

Würde sich dieses Buch an Frauen richten, so würde dieses Kapitel mindestens 25 Seiten umfassen. Das werden Sie mit Sicherheit bestätigen können, falls Sie es je gewagt haben sollten, einen Blick in die Handtasche Ihrer Liebsten zu werfen. Da ist nämlich der halbe Haushalt drin: Lippenstifte, die Lieblingssüßigkeiten Ihrer Kinder, Sicherheitsnadeln, Blasenpflaster, Ersatzstrümpfe ... Ach ja, und Geldbeutel und Handy natürlich auch noch. Gut, dass Sie ein Mann sind! Bei Ihnen besteht die Gefahr ja nicht, so viel Gerümpel mit sich herumzuschleppen. Oder?
Nehmen Sie einmal Ihre Brieftasche heraus und werfen Sie einen Blick hinein. Was ist da alles drin? Etliche Kassenzettel, die Mitgliedskarte Ihrer Videothek, in der Sie schon seit einem Jahr nicht mehr waren, die Kundenkarte von Esprit, wo Sie einmal einen Pulli gekauft haben, die Ikea-Family-Karte, falls Sie spontan doch noch ein paar neue Möbel brauchen ... Und

schon wiegt das Ding ein halbes Kilo und wäre auch als Totschläger ganz gut zu gebrauchen.

Eigentlich sollten nur ein paar Dinge unbedingt in Ihrer Brieftasche sein: Geld, Personalausweis, Führerschein, gültige Kredit- und EC-Karten und ein paar Kundenkarten oder Mitgliederausweise, die Sie wirklich ständig benötigen. Alles andere brauchen Sie nicht täglich mit sich herumzuschleppen. Auch Ihren Schlüsselbund können Sie entrümpeln. Schlüssel, die Sie nur zu Hause brauchen (Keller- oder Briefkastenschlüssel), können auch zu Hause bleiben. Auch den Fahrradschlüssel müssen Sie nicht immer dabei haben, es sei denn, Sie fahren täglich mit dem Rad zur Arbeit. So wird der Schlüsselbund ein gutes Stück leichter. Und wenn Sie ihn einmal verlieren sollten, müssen Sie nicht zehn Schlüssel nachmachen oder die entsprechenden Schlösser austauschen, sondern nur fünf.

Warum mit 40?

Warum nicht mit 40? Wir Männer haben den Vorteil, dass wir unsere Habseligkeiten meist in der Jacken- oder gar Hosentasche verstauen können und nicht eine Handtasche mit unserem halben Haushalt mit uns herumschleppen müssen. Ab einem gewissen Alter können wir uns dann eine Herrenhandtasche zulegen – aber ganz bestimmt noch nicht mit 40!

Werfen Sie Zeitschriften und Fachliteratur weg

Kennen Sie das? Sie liegen gemütlich auf der Couch und lesen eine Zeitschrift. Auf einmal springt Ihnen ein interessanter Artikel ins Auge: „Zehn goldene Tipps, um Ihr Leben zu entrümpeln". Sie denken sich „Oh, genial, das muss ich machen. Irgendwann, wenn ich einmal Zeit habe." Also reißen Sie den Artikel aus der Zeitschrift oder markieren ihn mit einem gelben Post-it und legen ihn in einen Ablagekorb, auf dem steht: „Irgendwann einmal". Ich sage: Ab in die Ablage P damit! P wie Papierkorb! Und zwar mit allem, bei dem Sie sich denken: „Das könnte ich irgendwann einmal brauchen!" Entweder Sie brauchen es jetzt sofort, weil Sie nämlich dringend Ihr Leben entrümpeln müssen, oder Sie brauchen es gar nicht. Und wenn Sie es dann später doch einmal brauchen sollten, dann gehen Sie einfach ins Internet und googeln „entrümpeln". Da finden Sie mehr als zehn Tipps auf einen Klick.

Dazu kommt noch, dass viele dieser schlauen Artikel auch schnell wieder veraltet sind, zum Beispiel wenn es um Tipps zur Geldanlage geht. Auch hier finden Sie im Internet aktuellere Hinweise als in einem Artikel, den Sie vor zwei Jahren aus einer Zeitschrift gerissen haben. Ähnlich rigoros sollten Sie bei Fachliteratur vorgehen. Heben Sie hier nicht ganze Zeitschriften auf, sondern lesen Sie das Inhaltsverzeichnis und picken Sie sich die Artikel heraus, die Sie wirklich brauchen. Wichtige Artikel reißen Sie heraus und archivieren Sie zum Beispiel in Hängemappen, nach Themen geordnet. Aber auch hier gilt: Nehmen Sie sich diese Mappen regelmäßig vor und misten Sie aus. Veraltete Informationen gehören ins Altpapier. Zeitschriften, die Sie zur Unterhaltung kaufen, lesen Sie meist auch nur einmal. Werfen Sie sie weg, wenn Sie damit durch sind – Sie kaufen ja ohnehin bald etwas Neues.

Warum mit 40?

Damit Sie nicht irgendwann zwischen Papierbergen sitzen. Und weil sich die meisten Informationen auch schnell und unkompliziert im Internet finden lassen. Mit 40 sind Sie in diesem Medium auch so fit, dass Sie die Informationen schnell auffinden und einschätzen können, ob sie aus einer seriösen Quelle stammen. Dann setzen Sie sich ein Lesezeichen und schon finden Sie die „Zehn goldene Tipps, um Ihr Leben zu entrümpeln" schnell wieder.

Arbeiten Sie nach der Eisenhower-Regel

Dwight D. Eisenhower (1953–1961) war ein amerikanischer Präsident. Seine Methode zum effektiven Ausmisten gilt als Arbeitsgeheimnis etlicher Staatschefs im Land der unbegrenzten Möglichkeiten. Ob Eisenhower tatsächlich höchstpersönlich seinen Schreibtisch aufräumte, wissen wir nicht, doch immerhin trägt diese bewährte Methode seinen Namen. Nun haben Sie zwar vermutlich nicht ganz so viel Verantwortung wie ein amerikanischer Präsident, aber vermutlich landet auch auf Ihrem Schreibtisch jede Menge Post − mal in Papierform, mal elektronisch. Und Sie müssen entscheiden, was Sie damit machen.

Eisenhower ging dabei folgendermaßen vor. Er teilte einen leeren Tisch in vier Quadrate ein, die für die folgenden Aktionen stehen: 1. Wegwerfen, 2. Weiterleiten, 3. Wichtig, 4. Wunder. Dann ging er die Stapel von Papieren auf seinem Schreibtisch durch und sortierte sie in diese vier Quadrate ein, bis am Ende kein einziges Blatt Papier mehr übrig war. Und genau so gehen Sie nun auch vor: Im Quadrat „Wegwerfen" landen zum Beispiel: Kataloge, die nicht mehr aktuell sind, alte Reiseprospekte, uninteressante Zeitschriften, Unterlagen aus Ausbildung und Studium, alte Weihnachtskarten, Gebrauchsanweisungen von Geräten, die nicht mehr funktionieren … Im Quadrat „Weitergeben" landen all die Dinge, die Sie nicht selbst erledigen wollen oder können. Vermutlich haben Sie nicht ganz so viele Mitarbeiter wie ein US-Präsident, doch einige Dinge können auch Sie delegieren. Ihre Belege bekommt zum Beispiel Ihr Steuerberater und das Päckchen zur Post bringen kann morgen Nachmittag auch Ihr Großer. In das Quadrat „Wichtig" legen Sie all das, was Sie in der nächsten Zeit dringend selbst erledigen müssen. Und ins Quadrat „Wunder" kommen all die Dinge, die Sie schon beim Aufräumen erledigen können, zum Beispiel ein Dokument ablegen oder einen Anruf tätigen. Wichtig bei dieser Methode ist, dass Sie keine Zwischenhäufchen bilden, sondern jedes Papier sofort in das entsprechende Quadrat einsortieren. Auch sollten Sie keine weiteren Quadrate („Wiedervorlage" oder Ähnliches) einrichten.

Warum mit 40?

Auch hier gilt wieder: damit Ihnen der Papierstapel nicht über den Kopf wächst. Denn wir sammeln in unserem Leben so viel Papier an, dass wir schon beinahe einen ganzen Wald auf unserem Gewissen haben. Außerdem bekommen Sie so einen genauen Überblick, was Sie zu tun haben – und das sieht doch schon erheblich besser aus als der gigantische Papierstapel, der vor dieser Übung auf Ihrem Schreibtisch lag.

Na also, so schlimm ist es doch gar nicht!

Nun haben Sie es geschafft: Sie haben dieses Buch fertig gelesen. Und wahrscheinlich ist Ihnen dabei eines aufgefallen: So schlimm ist es eigentlich gar nicht, 40 zu werden. Sie sind nämlich immer noch ein ziemlich cooler Typ und zudem echt attraktiv. Außerdem haben Sie nun jede Menge Tipps bekommen, was Sie im neuen Lebensjahrzehnt tun sollten. Sie haben also gar keine Zeit, herumzusitzen und Trübsal zu blasen, denn schließlich warten da draußen scharfe Chilischoten, Waldspaziergänge und Entrümpelungsaktionen auf Sie. Nun kann es erst richtig losgehen: Lesen Sie noch oder leben Sie schon?